戰爭

與我們的距離

跟著《少年報導者》
從一顆子彈、一隻病毒、一枚火箭、一張紙鈔、一場考試，
揭開全球5種熱戰的新聞實境與影響

《少年報導者》著

帶孩子了解世界現況，迎向未來

問孩子，你知道俄烏戰爭嗎？還是有孩子不知道的。那麼，你知道俄烏戰爭的原因是什麼呢？現在狀況怎麼樣了？對世界、對我們竟然也會有影響，你知道嗎？

孩子問：那我們會遇到戰爭嗎？那遇到戰爭的時候該怎麼辦呢？他們國家的小朋友還好嗎？有沒有辦法避免戰爭呢？在旁邊觀看戰爭的我們，還可以做什麼呢？

世界愈來愈密切，牽一髮動全身，很多現下正在發生的事情，與我們都息息相關，可是，如果只有讀課本，那就只能知道好遠以前的歷史，該怎麼知道當下脈動？該如何看懂世界？

所以當編輯信件抵達我的信箱的時候，我就知道只能感謝及大大推薦了！

這本《戰爭與我們的距離》是非營利媒體《報導者》旗下兒少品牌《少年報導者》首本新聞雜誌書，將國內、外重要報導系統化整理，從「現在發生」的新聞現場，延展到事件的歷史背景，追蹤至「後來怎麼了？」。光看到這裡，就知道孩子必讀，我長期帶領孩子讀報，需要長期關注追蹤事件，只是有時報導內容、深度、角度，需要跨越許多平台和媒體，花費心力搜集，而這本《戰爭與我們的距離》就是孩子最好的示範，將國際性的新聞，深入剖析，不只只有「點」，還有延續、脈絡，從點到線形成面，最後賦予思考思辨，然後呢？接下來的行動是什麼？

這樣的書，不好製作、成本高，且有時效性，可卻是難得一見的好訊息文本。是真實世界正在發生的事情，圖文整合、資訊圖解、媒體識讀、國際視野，在108課綱中都是再三強調的，而課綱中強調的，就是孩子未來重要的關鍵能力、處理資訊、解決問題的核心。

那會不會硬邦邦很難讀？你問到重點了，從一個「人物故事」看見新聞其實都是有血有肉的靈魂和情感，故事裡的人的焦急、感嘆、悲傷、夢想，和生活，與我們無異，孩子藉由故事般的人物故事，提起了動機、擁有了共感，然後對新聞有了好奇，想要知道的迫切，順帶引入「新聞現場、新聞關鍵字」，用小篇幅將新聞沒說的前後脈絡，整個清楚描述了一次，「同學大提問」則是同年齡的孩子的提問，孩子不會問、不會想沒關係，同學問給你聽、好奇給你看，延伸閱讀，其他疑問，有動腦，就會有疑問。

以「戰爭」為主題，包括俄烏戰場、防疫前線、太空場域、貨幣市場、升學現場中的有形無形戰爭，每一個都是孩子將會面臨到的未來，悶著頭讀書考試的年代早就過去許久，這本《戰爭與我們的距離》寫的是孩子的現在和未來，如果要啟程，不管去哪裡，都要先知道現況吧！

《戰爭與我們的距離》邀請你一起補足這幾年忽略的，看清現狀，才能走對方向！📣

原斗國小教師、作家

林怡辰

少年必讀的歷史初稿

一份劍橋大學的博士後研究、一份牛津大學的全球媒體報告，恰可佐證《少年報導者》的獨特價值。

英國劍橋大學的研究團隊，開發了一組名為MIST的檢測方法，用來測試個人對假訊息的鑑別能力。今年（2023）6月，民調網站YouGov根據這套方法，公布了1千多名美國成年人的測試結果，發現年紀愈輕的受試者，判別假新聞的能力越差，尤其是18到29歲的年齡層，拿到高分的比例，只有45歲以上群組的三分之一。

這項調查，同時交叉分析「受試者過去1個月的新聞消費來源」，發現若以新聞攝食來源為變項，以TikTok（抖音海外版）、Instagram等社群媒體為新聞來源的受試者，答題錯誤率最高；以美聯社、公共廣播聯盟、公共電視為新聞來源的群體，正確率最高，而且兩者差距非常大。

換言之，愈是依賴社群媒體作為資訊源，愈不容易鑑別訊息品質，愈容易受到假訊息的操縱。

牛津大學路透新聞學院每年則會公布一份「數位新聞報告」，針對台灣在內的40幾個國家進行調查。今年的報告中，特別提到「年輕世代很重視新聞的真實性，關心是否被政治或商業利益操縱，然而，他們不太重視新聞來源的權威性。愈來愈多青少年選擇TikTok作為新聞管道，而且，寧願相信網紅，也不相信專業新聞媒體。」

兩者相乘，對於新聞媒體是一項警訊；對於飽受假訊息攻擊的台灣社會，更是一項嚴重危機。

身為兩名青少年的父親，我常想，這時代的孩子是幸運的，自小網路就像自來水，扭開就有，國中階段普遍擁有智慧手機，通往繽紛多彩的數位世界，Instagram、YouTube、Line群組、抖音，甚至小紅書，隨時與同學或陌生人建立連結。

然而，這時代的孩子也是不幸的，繁重課業之外，爆量資訊、變造過的網美照片、暗藏大量置入行銷的網紅影片，FOMO（錯失恐懼），24小時的社群同儕壓力，最終，每一個手機螢幕，各自是一個資訊泡泡，映射出扭曲變形的平行世界。

因此，《少年報導者》是一個努力的起點，一個青少年與真實世界的連通空橋。透過專業新聞人的企劃、詮釋、轉譯，以嚴謹的態度、親近的文體，提供未來世代認識時事的可信角度。

這個努力並不容易，但絕對值得嘗試。去年初，我還是自由工作者，擔任《少年報導者》顧問之際，曾建議將網站上的報導精華，經過二次編輯，成為易保存、易消化的系統化知識，同時走出網路世界，在家庭、學校、圖書館之間流通。

如今，很高興《少年報導者》實現「雜誌書」的想像，若單篇拆開來看，每一篇都是扎實有料的報導；但合在一起看，全書像是過去一年的重大新聞年鑑，以合理的編排、豐富的敘事形式，記錄一個不可不知的歷史初稿。

衷心祝福，《少年報導者》找到更多少年讀者，並期待一個關心公共議題、善於鑑別資訊的美麗世代。📢

媒體人

黃哲斌

序言
變成比大人更好的人

2019年11月COVID-19疫情讓全世界斷線前，我到冰島旅行，那時冰島才為了7百歲的「OK」冰川之死而哀悼，他們為OK冰川舉行「告別式」並立碑紀念。冰島著名作家安德利·馬格納森（Andri Snaer Magnason）寫下墓誌銘：

致未來的一封信：
OK是第一個痛失冰川地位的冰島冰川。未來200年，我們所有的冰川預計都將走上與它一樣的道路。這個紀念碑就是為了承認我們知道目前正在發生的情況，承認我們知道需要做些什麼。如果我們曾經有所作為，OK冰川你不會消失。

馬格納森的墓誌銘也像是媒體人的懺情錄，如今的新聞環境也猶如陷入嚴酷的「資訊溫室效應」：資訊破碎、報導劣化、假新聞飛竄，言論品質的水位下降。如果新聞死亡，人們再無法感知他人之苦樂與善惡，再無法與時俱進獲取新知，再無法有更充分判別是非曲直的依據，進而失去對人的溫度、對世界的熱情，最終，也將淪為一個「不被他人理解」世界裡的孤單靈魂。

這是身為大人的我們的過失與責任。

創立《少年報導者》，正是身為非營利組織的《報導者》採取的行動：為兒少服務，確保厚實的新聞資訊和多元觀點持續在未來社會中累加，確保即時且真切的世界視窗不斷線，讓普世價值傳嬗不絕。

2022年4月，我們開始為10～15歲的同學製作深度新聞報導，每一篇報導都是當下重要的議題，由記者一手採訪，由專家審閱核實把關，有真實的新聞現場與延伸的背景知識。更重要的是，透過這些新聞事件看見人們的處遇與生活樣貌，而掌握新聞關鍵知識，增添表達自我的能力，建構對更好未來的想像。

本期的主題「戰爭」：從俄羅斯與烏克蘭戰爭、COVID-19病毒戰爭、日圓貶值的貨幣戰爭、美歐聯手重返月球的太空戰爭，到許多同學會面臨的升學戰爭。無論是國族與社會形態的競爭、病毒與人類的競爭、國際經濟與貿易的競爭、科技與國力的競爭、自我與他人的競爭，其實本質都是「生存」與「奪取」。而每一個戰爭篇章，都是由人物故事帶大家走入戰爭中心，串連到大家的生活日常，因為這些事並不是「別人的事」，它就是「我們的事」。

這本雜誌書是我們對新世代公民的許諾——每一篇文章，都將是與大家一起尋找通往與自我相處、與異文化共融的「和平」彼岸之路。

書裡不會只有「大人說」，同學的聲音與觀點不會被忽略。這一期金門的金鼎國小，便在《少年報導者》記者的陪伴與引導下，共創出精彩的紀實報導。

讓豐富多元的新聞活起來，透過年輕的大家積極關注、參與及思考，你們會比現在的我們，成為更好的大人，未來的世界，會有比現在更美好的可能。🐾

《少年報導者》總監

楊惠君

本期使用説明書

5 個人物故事
帶你走進重大新聞現場

- ≣ 8千公里外的烏克蘭朋友
- ≣ 養病毒的偵探
- ≣ 敢夢的台灣火箭人
- ≣ 在日本賣珍奶的青年
- ≣ 被困住的頂大學生

12 個新聞關鍵字
快速理解重大事件核心脈絡

- ≣ 找出最重要的關鍵字
- ≣ 解讀俄烏戰爭的時空背景與背後勢力
- ≣ 中國白紙革命的深層原因與蝴蝶效應

2 篇圖文故事 深入新聞工作幕後

每一格漫畫重回真實情境
記者穿上防彈背心與Fixer一起出生入死
探照全世界媒體的考驗與挑戰

2 組時事測驗
自我檢測了解時事程度

- 戰爭新聞檢測＋日圓知識檢測
- 在遊戲中找知識，從新聞中找線索
- 延伸更多政治、經濟、科技、人文相關資訊

38 則提問與評論
看見更多同學觀點

- 有關戰爭，台灣孩子最想了解的是什麼？
- 有關大學，中小學生有什麼疑問和想像？
- 讀了不同的報導，同學各有什麼評論？

知識⁺ ×7

- 什麼是病毒的宿主與受體？
- 看懂匯率和槓桿投資
- 頂大是什麼？中位數是什麼？……

新聞充電器 ×7

- 太空活躍國家分成哪3個等級？
- 貨幣貶值如何影響薯條和汽車價格？
- 繁星計畫和特殊選才不一樣嗎？……

過去這一年 ×11

- 英王儲加冕
- 巴西黑珍珠殞落
- 韓國萬聖節悲劇……

繞著地球，世界還發生哪些大事？

校園攝影計畫 ×1

攝影記者蹲點金門，
與小記者共同記錄家園的人與故事

CONTENTS

過去
這一年

戰爭之外,
世界還發生
這些重要的事

8月
美國

教育

學貸大特赦
4千3百萬人都可減免

8月25日,美國總統拜登(Joe Biden)頒布行政命令,所有申請聯邦助學貸款的4千3百萬名高等教育在學或畢業生,只要個人年收入低於12萬5千美元(約新台幣381萬元),都可減免最高2萬美元(約新台幣61萬元)債務。

此次美國史上最大規模學貸債務豁免,目的是避免在疫情與利息多重壓力下,**上大學成為學子「欠債一生」的財務陷阱,**但引發公平之爭。反對者認為,挪用全民稅金來補貼大學菁英有違社會公平。支持者卻強調,學貸豁免是修正世代與階級不平等的關鍵第一步。

9月
日本

外交

安倍晉三國葬
台灣降半旗

9月27日,日本政府為遇刺的前首相安倍晉三舉行國葬。台灣政府機關及公立學校,為**「最挺台灣的首相」**降半旗悼念。

安倍7月在一場演講中遇刺。他在2006年、52歲時,成為第二次世界大戰以來日本最年輕首相(正式名稱「內閣總理大臣」),也是在任最久的首相。安倍在日本泡沫經濟時代,推動「安倍經濟學」和憲法改革,成功重振一個更有自信的日本,2020年卸任後仍有政治影響力。但任內也因參拜靖國神社引起中韓兩國不滿,並在釣魚台主權等爭端與中國關係降至冰點。

10月
南韓

社會

萬聖節人流失控
導致踩踏悲劇

10月29日深夜,首爾觀光鬧區梨泰院的萬聖節街頭變裝狂歡,爆發韓國現代史上最嚴重的群眾踩踏事故,造成156人死亡、151人輕重傷。

梨泰院當地酒吧每年辦萬聖節活動,當天為COVID-19疫情解除口罩佩戴令後的首次大型活動,吸引10萬人潮。大量傷亡集中於巷內只有3.2公尺寬,5.7公尺長,約18.24平方公尺的斜坡,約3百人擠在這個只有小房間面積的空間裡,倒下的人體堆疊了6～7層。韓國媒體質疑,**完全沒有人出面負責「人流交通管制」**才會釀成慘案。

12月
巴西

體育

永遠的10號
黑珍珠比利隕落

巴西傳奇足球明星「黑珍珠」比利(Pelé)12月30日因癌辭世。享年82歲的比利,是史上唯一曾三度贏得世界盃冠軍的球員,更是讓足球成為世界最熱門運動的第一位「足球之王」,曾啟發千萬孩子足球夢。

比利也是形塑巴西國家認同的關鍵人物。一直到比利時代,**「巴西＝比利＋足球」的形象公式**才開始全球知名。比利身為黑人,不僅是國際足壇第一個有色人種巨星,也證明足球作為全民運動的多元包容性,從比利開始,「0號選手」成為場上王牌的代名詞。

12月
印尼

兩性

新法嚴訂
非婚性行為都有罪

12月初,印尼國會通過《新刑法典》草案,擴大通姦罪的定罪範圍,並將所有「非婚姻關係的性行為和同居」皆視為刑事犯罪。

新法引起國際議論,也**引發旅遊業與外國觀光客恐慌**,印尼政府澄清該罪「幾乎不可能施加於外國遊客」,呼籲外界應尊重並理解印尼的社會價值觀。但同一時間,爭議多年的「墮胎罪」、「侮辱總統尊嚴罪」,以及針對使用巫術行為的「反黑魔法罪」也都列入新法。批評者認為,新法典象徵著印尼日漸加速的「民主倒退」現象。

1月

歐盟

經濟

克羅埃西亞成為
第二十個歐元國

1月1日，克羅埃西亞改採歐洲共同貨幣歐元，克國人民將成為區內近4.2億人中的一員，可在27個免護照的「申根區」成員國自由通行，從事工作、休閒、旅遊等活動。

要採用歐元必須通過審核，包括**具備穩定的匯率、可控的通膨和穩健的公共支出**，對於4百萬人口的巴爾幹小國而言，這是2013年加入歐盟以來重大里程。30年前，戰爭摧毀克國近四分之一經濟，如今可強化與其他19個歐元國的金融關係，在全球各地因俄烏戰爭而通膨高漲時，可保護克國經濟。

1月
英國

教育

數學必修擬延長2年
引發風波

英國首相蘇納克（Rishi Sunak）1月4日宣布，擬將數學必修教育延長2年，掀起激烈討論。支持者認為，下一代過早遠離數學，嚴重阻礙國家經濟發展與科技競爭力。反對意見則認為，**數學課帶來如惡夢般的創傷記憶**，並指教育體系反而將因此加速崩潰。

英國是極少數高中生不需必修數學的國家。數據顯示，英國16～19歲學生只有50％仍在繼續學數學，58％勞動年齡人口算術能力只達小學程度，其中8百萬人不及3年級學童，對薪資增減比例、超市折扣的日常基本應用，都有理解問題。

2月
土耳其

環境

百年強震6萬人喪命
逮捕建商

土耳其與敘利亞邊境2月6日發生2起規模7.8與7.5的地震，至少造成59,259人死亡、121,704人受傷，是近一個世紀以來該區域最強地震之一，成為土耳其100多年來死亡人數最多的地震。

地震時適逢寒流，暴風雪來襲，包括台灣在內的各國搜救隊出發奔赴災區，在低溫下跟時間搶救生命。土耳其至少有3千棟建築物倒塌，專家認為，建築不良是造成巨大傷亡原因之一。土耳其司法機關發出至少134份逮捕令，**捉捕對震區劣質建築負有直接責任的承包商和工程師**。

3月
義大利

科技

率先禁用ChatGPT
聊天機器人

3月31日，義大利政府以涉嫌侵犯隱私為由，宣布禁用ChatGPT（聊天生成預訓練轉換器），成為第一個禁用ChatGPT的西方國家。

ChatGPT被稱為史上最佳人工智慧聊天機器人，2022年11月才正式上線，2個月後用戶破1億，破億速度超越抖音的9個月、IG的2年半，其可寫出相似真人的文章，並在許多知識領域給出詳細清晰的回答，評論者認為它**證明了AI也能勝任知識型工作**，但也認為它所提供的事實準確度仍參差不齊，並提醒其可能基於意識形態的模型訓練結果，必須小心校正。

4月
印度

人口

印度人口超越中國
世界第一

聯合國數據顯示，印度人口在4月超過中國，成為人口第一大國，並將在年底達到14.29億人，比第二名的中國多出約3百萬人。

印度人口多而且年輕，**全球25歲以下人口五分之一來自印度；**47%印度人不滿25歲；三分之二印度人出生於1990年代經濟自由化之後。專家預測，這一代的印度青年將成為知識和網路經濟中，最大宗的消費者、勞動力來源和最大人才庫。不過，印度只有約40%適齡工作人口正在工作或想工作，只有10%婦女進入勞動市場，人數都遠低於中國等人口大國。

5月
英國

政治

等待70年
英王儲查爾斯加冕

5月6日，任王儲長達70年的查爾斯（King Charles III），是史上待位最久的王位繼承人，加冕為英國王。他繼承的是女王伊麗莎白二世（Queen Elizabeth II），在位70年的女王於2022年9月以96歲辭世，也是在位最久的英國君王。

伊麗莎白二世26歲繼承王位時，過去強盛的「日不落帝國」正分崩離析，君主制不保，但她協助「大英帝國」轉型為與各國平等合作的「大英國協」，而她也以國協首長身分重新奠定威望。分析家認為，英國自詡為**「強權」的意識想像，將隨女王離世真正劃上休止符。**

俄烏戰爭煙硝下，沒有人是局外人

放大區域

烏克蘭

2022年2月,俄羅斯入侵烏克蘭
世界巨變,沒有人是局外人

在台灣,政大魏百谷教授正急切與失聯的
烏克蘭朋友連繫
在歐洲,他們說:如果擋不下普丁,
波蘭就是下一個
在亞洲,他們說:今日烏克蘭,明日台灣

這場8千公里外的戰爭
與我們看似遙遠,其實比想像中接近

文字／楊惠君、陳榮裕、陳韻如、魏百谷、張鎮宏
設計、繪圖／鄭涵文
攝影／楊子磊

我和我的烏克蘭朋友相約：
戰爭結束後台北見！

文字／魏百谷（政治大學國際事務學院副院長、俄羅斯研究所所長）

政大俄羅斯研究所
所長魏百谷
（圖片提供／楊惠君）

烏克蘭科學院研究員
基可倩科博士
（圖片提供／
政大俄羅斯研究所）

　　我是魏百谷，在政治大學任教。當俄軍的砲彈，對烏克蘭平民住宅大樓發動攻擊，看著新聞播出的殘酷畫面，我每天擔憂，8千公里外的好友基可倩科（Viktor Kiktenko）教授，是否還活著……。

　　我教授俄國研究課程，因此認識了一些東歐的朋友。當年，為了讓台灣學生更了解烏克蘭的過去、現在與未來，我邀請烏克蘭科學院的研究員基可倩科教授來政大客座講學。

　　2022年初，當新聞報導俄國沿烏克蘭邊境集結數萬兵力，戰爭一觸即發，我趕緊與他聯繫。當時基可倩科教授告訴我，烏克蘭首都基輔的情況大致穩定，也期盼俄軍不會入侵。

　　不料，2月24日俄國大舉入侵烏克蘭，全面攻打基輔，我也頓時失去基可倩科教授的音訊。我接連好幾天嘗試透過社群媒體和他聯繫，都沒有他的回音。

　　會這麼著急，除了戰事的緊急，還有特殊的情誼。是基可倩科教授開啟了我的烏克蘭之窗，之前的交流，透過他，我知道烏克蘭語和俄語的差異，也更深入明瞭烏克蘭的史實。更重要的是，他讓我體會烏克蘭的國家自我認同，以及感受到他深愛烏克蘭的熱情。

那一年，他教我說烏克蘭語

　　當年，他希望台灣更多學生有興趣研究烏

克蘭，也希望我能直接用烏克蘭語了解他的國家。他認為，已經會說俄語的我，學習烏克蘭語會比一般人更快，利用課餘之暇，一對一教我烏克蘭語。

當看到電視新聞播報俄軍圍攻基輔，砲彈擊中住宅大樓的畫面，俄軍的殘酷不仁，令人感到震驚，我更加擔憂的是友人的性命安危。

我的專長是研究俄羅斯，戰爭發生後，我接到很多學術座談以及媒體採訪的邀約，但對我來說，這一場與台灣相隔8千公里的戰爭，已經不再只是戰事的分析，而是我的好友是否還活著的懸念。

每一天，我打開電腦，總是期待收到基可倩科教授的訊息，螢幕顯示的狀態，依舊停留在我們上次聯繫的時間點。

日復一日，俄軍從北方、東邊、南面侵略烏國的土地，透過飛機、坦克以及艦艇的砲彈，摧毀烏國人民的家園，隨著俄軍攻勢加劇，我心中的陰影也逐日擴大。

在一個週末的清晨，忽然聽到電腦傳來聲音，通知有新訊息，我趕緊衝向電腦。我忍不住在心裡吶喊：「太好了，感謝天，是基可倩科教授！」

他還安好，基可倩科教授對我說，他為了躲避俄軍的攻擊，不得不逃離基輔，暫時在烏國的西部城鎮避難，因為俄軍不間斷的空襲，好幾個星期以來，他和家人一直待在防空壕裡。

隨時待命參戰，令人敬佩又不捨

不久後，台灣中央研究院宣布援助烏國學者計畫，我第一時間把訊息提供給基可倩科教授，提議他可以申請來台灣，除了能來台避難，也可繼續他的研究工作。

他的回答，讓我既敬佩又不捨。他告訴我，自己準備隨時接受徵召，支援作戰，抵抗俄軍，婉謝申請赴台。

為了對抗俄羅斯入侵，現在烏克蘭60歲以下的男性都要服役。基可倩科教授只有51歲，尚未除役。

2月26日，台北101大樓點燈支持烏克蘭的畫面一出現，我立即把畫面傳送給他。3月5日台灣外交部召開記者會，公布援助烏國計畫，我也立即把這個新聞傳給他，希望給他打氣，讓身處防空壕的他，繼續撐下去。

當他獲知來自台灣的各種支持，除了不斷感謝台灣的溫暖友誼，更對我說，他在台灣的日子，是人生最懷念的美好時光。我們相約戰爭結束後，還要在台北相見。

我服務的政大俄羅斯研究所，課程和研究領域也涵蓋後共產主義國家的民主化研究。地處東歐的烏克蘭，自1991年脫離蘇聯獨立以來，國家發展的方向，究竟是「脫俄親歐」向西方國家親近，或是東向親近俄國，兩股勢力不斷拉扯。

令人敬佩的國家，是因為有令人敬佩的人民。烏克蘭人民展現英勇抗俄的堅定意志，他們不但為保衛家園而戰，也為了確保他們的民主自由，不被威權專制的俄羅斯總統普丁（Vladimir Putin）踐踏而戰。

衷心祈求上蒼憐憫烏克蘭人民，讓和平的曙光，早日降臨。🐾

更多線上精彩內容，
請掃描QR Code

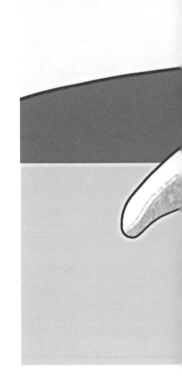

不是世界大戰，
但幾乎全世界都「參戰」

雖然實際戰火只發生在烏克蘭，但許多國家都間接參與了戰爭
經濟制裁、武器支援、收容難民，甚至提供貓狗寵物救援
如果擋不下俄羅斯，自己的國家恐將淪為下一個戰場

文字／陳榮裕、張鎮宏

2022年2月24日，俄羅斯總統普丁宣布，對鄰國烏克蘭採取「特殊軍事行動」，隨即從陸、海、空入侵烏克蘭，普丁原本盤算72小時閃電攻下烏克蘭，但這場戰爭卻延續了1年半⋯⋯。

俄羅斯的武力與國力遠遠超過烏克蘭，在烏克蘭全民展現自衛決心下，世界許多國家也紛紛以經濟制裁、武器支援、網路資訊控管等各種方式，支援烏克蘭。

據聯合國難民署統計，在2022春天開戰的最危急時，約有四分之一的烏克蘭人逃至國外。在戰爭1週年之際，仍有807萬名烏克蘭人成為國際難民，境內也有590萬人流離失所。也就是說，這場戰爭已造成占烏國總人口30％、將近1千4百萬名的烏克蘭人失去家園。

開戰1年後，至少造成兩國約30萬人死傷。雖然軍事戰場幾乎只發生在烏克蘭境內，沒有引爆大家最擔心的多國直接參戰、全面開打的「第三次世界大戰」，但幾乎每個國家都間接參與了這場戰爭，或受到戰爭的影響。

一地起戰火，許多國家都間接參戰

俄羅斯入侵烏克蘭第四天，美、加、英、歐盟就發布聯合聲明，祭出各項制裁措施，美國隨即將占俄國金融總量80％的銀行，排除在國際支付系統外，禁止美國公民與俄羅斯中央銀行進行任何交易。一般人最常用的Master及Visa信用卡發卡公司，也停止俄羅斯銀行發起的交易。

YouTube關閉部分俄羅斯帳號，Facebook也宣布加強審核俄羅斯帳號及粉絲專頁，避免虛假訊息散播。

（設計、繪圖／鄭涵文）

美、加、英和歐盟的一些國家，禁止俄羅斯航空飛機進入領空。愛沙尼亞、拉脫維亞、立陶宛和芬蘭，禁止所有俄羅斯公民入境。

因為歐美制裁俄羅斯，俄國不能以美元和歐元結算，油價及天然氣價格大漲，油價在1年多內由70美元升到124美元，造成全球通膨危機。

烏克蘭是重要產糧地，大部分最具生產力的農業用地，位於靠近俄國的東部地區，戰爭導致許多依賴烏克蘭糧食的開發中國家，糧食不安全狀況惡化。

如果擋不下普丁，下一個會是誰？

俄羅斯入侵烏克蘭，影響最直接的是鄰國波蘭。開戰後，波蘭政府開放了國界，讓所有在烏克蘭的戰爭難民，包括在烏克蘭工作或求學的亞非裔族群，甚至貓、狗寵物，都能盡快進入波蘭。

許多波蘭人自願提供烏克蘭難民住宿，捐金錢、物品和保暖衣物到邊境。駕駛人開車到烏、波邊境載人，火車也不斷從烏克蘭把難民載到波蘭。波蘭對烏克蘭的援助可說是全國上下總動員，成為自由世界援助烏克蘭的窗口。

其實烏克蘭與波蘭兩國，歷史上曾多次交戰，人民彼此殘殺，但為什麼這一次波蘭人願意張開雙臂接納烏克蘭人？

歐洲外交關係協會華沙辦公室主任蓋貝特（Konstanty Gebert）指出，「烏克蘭不只在為自己的自由而戰，也在為我們的自由而戰。」許多波蘭民眾也相信，如果烏克蘭和國際社會擋不下普丁，波蘭就是下一個！

波蘭民眾大量動員，包括住在波蘭的台灣人，對烏克蘭鄰居一起伸出援手。

透過戰爭現場的各種報導，住在台灣的台灣人，看到一個國家被侵略時，會發生什麼事。為國外通訊社工作的台灣旅外攝影家張乾琦，曾數度深入烏克蘭戰地拍攝，開戰之後9個月，他在政大對學生演講時，以他拍下的現場照片讓大家看到，敵人如何摧殘一個國家，也看到人民的勇氣和智慧，以及公民的組織能力和行動力。

從波蘭發出的各種報導，也讓台灣民眾看到，一個國家的人民團結幫助另一個國家；而且，不只看到他們「很團結」，也有機會看到他們「如何團結」。

戰爭不見盡頭，堅持或求和？

但是，漫長的戰爭，確實已讓國際支持烏克蘭的態度出現鬆動。西方世界出現了一些「厭戰情緒」，甚至有「求和談判」聲音。美聯社與美國民意研究所公共事務研究中心（NORC Center for Public Affairs Research）在2023年2月13日公布的民調，贊成美國在俄烏戰爭扮演積極角色的支持度只有26％，比2022年5月下降了6％。

此外，俄軍持續加大動作，戰爭週年前夕集結重兵，以不計死傷的人海衝鋒與無差別轟炸，將東部戰線的巴赫木特（Bakhmut）變成殘酷消耗戰的人間煉獄，似乎是藉此向世界再次強調：普丁尚未放棄征服烏克蘭的野心。

儘管美國民心有些動搖，但美國總統拜登立場仍堅定，並在2023年2月20日清晨訪問基輔，與烏克蘭總統澤倫斯基（Volodymyr Zelenskyy）會面，因為拜登不僅是15年來第一位訪問烏克蘭的美國總統，更是「戰時訪問」，讓處於至暗時刻的烏國軍民士氣大振。

同一時間，普丁在「特別軍事行動」1週年時重申，西方對烏克蘭的支持，對俄羅斯生存造成嚴重威脅，並再次主張「發動戰爭的是烏克蘭與西方！俄羅斯是被迫出手阻止戰爭的一方！」，甚至暗示可能以核武備戰。

當武力勝利愈來愈遠，國際開始辯論：「求和談判」是不是烏克蘭的選項？

評論美國國際事務及外交政策的專業期刊《外交事務》（Foreign Affairs），在一篇文章中指出，多數學者認為當前的戰爭不應該或不可能以烏克蘭犧牲主權交換停戰，意即認可俄國對克里米亞半島（Crimea）與頓巴斯地區（Donbas）的實質統治。但支持停戰者認為，很難想像烏克蘭能贏得這場戰爭，並奪回包括克里米亞在內的所有失土，反倒更容易想像，俄國人能強行鞏固他們已攻略的領土，甚至繼續擴張。

經濟民生受重創，如何持續強韌捍衛國家？

戰爭持續1年多，烏克蘭在經濟方面的損傷大於俄羅斯，但在國際支援和烏克蘭人民強韌

布查
基輔
勒曼
盧甘斯克
利西昌斯克
克拉馬托爾斯克
頓內次克
札波羅熱
赫爾松
赫爾松
蛇島
克里米亞

入俄公投

（繪圖／丸同連合）

俄羅斯入侵烏克蘭523天
關鍵事件

2022年2月24日

2月 烏克蘭基輔（Kyiv）
24日，俄羅斯總統普丁宣布，對烏克蘭採取「特殊軍事行動」，發動攻擊。
26日，歐盟、加拿大、美國等多國宣布制裁俄羅斯。

3月 烏克蘭布查（Bucha）
俄羅斯占領烏克蘭基輔州的布查展開屠殺，因為屠殺對象為一般平民，被控反人類罪和戰爭罪。

4月 烏東頓內次克地區（Donetsk）克拉馬托爾斯克（Kramatorsk）
俄羅斯占領烏東頓巴斯地區。烏克蘭大逃難潮，聯合國統計顯示，戰後一個多月，已有超過400萬名烏克蘭人逃離家園。

6月 烏克蘭蛇島（Snake Island）
烏克蘭奪回黑海戰略前哨「蛇島」；烏克蘭獲歐盟候選國資格。

7月 烏東盧甘斯克地區（Luhansk）利西昌斯克（Lysychansk）
烏克蘭盧甘斯克地區最後據點利西昌斯克淪陷。

8月 烏克蘭赫爾松（Kherson）
烏克蘭於赫爾松發起反攻。

9月 烏克蘭頓內次克、盧甘斯克、赫爾松、札波羅熱（Zaporizhzhia）
俄羅斯發起「入俄公投」併吞烏克蘭4區。

11月 烏克蘭東部城市勒曼（Lyman）、赫爾松
台灣志願軍青年曾聖光於烏克蘭勒曼戰死；俄羅斯撤離赫爾松，烏克蘭重大勝利。

2023年

1月 烏克蘭頓內次克
烏克蘭軍隊在元旦當天，利用飛彈轟炸駐紮頓內次克地區的俄軍；烏軍獲美國、英國、德國、波蘭等國援助主戰坦克。

2月 烏克蘭基輔
戰爭週年前夕，美國總統拜登造訪基輔，是15年來首位訪問烏克蘭的美國總統，宣布增援烏克蘭5億美元（約新台幣150億元）。

3月 俄羅斯
國際刑事法院對俄羅斯總統普丁發布逮捕令。

4月 俄羅斯、烏克蘭
烏克蘭和俄羅斯互相交換戰俘。中國國家主席習近平與烏克蘭總統澤倫斯基電話會談。

5月 烏克蘭
40國簽署參與「戰損登錄平台」創建，平台設於海牙，但在烏克蘭開設衛星辦事處，詳細記錄俄羅斯在戰時造成的損害和破壞。

6月 俄羅斯莫斯科
俄羅斯傭兵部隊「華格納集團」23日深夜發動兵變，從烏俄邊境回頭往俄羅斯首都莫斯科方向進攻。隔日白羅斯調停後，華格納首領普里戈任同意停止挺進，讓俄羅斯內戰降溫。

7月 俄羅斯莫斯科
7月30日，俄羅斯入侵略烏克蘭第522天，烏克蘭以無人機攻擊俄羅斯首都莫斯科，烏克蘭總統澤倫斯基發表談話表示，戰爭正逐漸回到俄羅斯國土。
烏克蘭也修法，將原本與俄羅斯東正教相同的1月7日耶誕節，改為西方國家的12月25日，在文化上與俄羅斯脫勾。

2023年7月31日

資料來源／《少年報導者》編輯部綜合整理

的向心力下，還能挺住。

烏克蘭財政部估算，在戰爭的第一年裡，烏克蘭GDP（Gross domestic product，國內生產毛額）就大約衰退30％～35％，國內通貨膨脹率達20％～30％，意思是民生物價急速飛漲。烏克蘭過去引以為豪的大型重工業，大多集中在被俄軍占領的東南部一帶，在戰爭後已完全停擺；以小麥為主的農業，出口總量也只剩戰前規模的60％。攸關國家安全的能源與電力系統，破壞程度就高達50％。

反觀，俄羅斯雖遭國際經濟制裁與孤立，景氣變差，但俄國官方公布的2022年GDP衰退幅度只有3.3％～3.4％，通膨也只有12％。主要原因是，戰爭都發生在烏克蘭境內，俄國本土並沒有和烏克蘭一樣遭戰火破壞，俄國中央銀行還有足夠的外匯存底，天然氣與石油出口都因國際能源價格暴漲而能維持穩定利潤，並可藉由中國、土耳其與中亞諸國，作為躲避西方制裁的貿易跳板。

不過，烏克蘭藉由以美國與歐盟為首的緊急經濟援助與戰爭信貸，穩定了自身的金融系統；民間在開戰第一時間也自主動員，中小企業開始往烏克蘭西部的「大後方」遷移，加上戰爭初期緊急逃到歐洲各地的烏克蘭難民，也已有約2百萬人返回國內，許多新創事業與資訊科技產業，因戰時體制成為「國防供應鏈」的一環，讓烏克蘭仍強悍挺住，經濟不致全面崩盤。

逆轉戰局，烏克蘭辦得到嗎？

截至2023年8月，戰爭尚未結束，一切仍充滿變數，特別是6月俄羅斯的「內戰危機」，一度讓俄羅斯傭兵部隊「華格納集團」（Wagner Group）於該月23日深夜發動兵變，從烏俄邊境回頭往俄羅斯首都莫斯科方向進攻，直探俄羅斯本土1千公里。隔日，經白羅斯調停後，華格納首領普里戈任（Yevgeniy Prigozhin）同意停止挺進，可能燃起的俄羅斯內戰雖然急轉降溫，但普丁的領導威信和俄羅斯戰情，都被再次放大檢視。

俄國「傭兵之亂」事件1個月後，俄羅斯入侵烏克蘭的第522天時，俄國莫斯科和克里米亞半島遭到無人機攻擊，烏國總統澤倫斯基首次對無人機攻擊正面回應表示，「戰爭正回到俄國本土。」烏克蘭軍隊也在巴赫木特附近奪回2023年5月間被俄軍占領的失土。

而多次威脅要以核戰讓戰事升溫的俄羅斯前總統梅德維傑夫（Dmitry Medvedev）則再重提，如果烏克蘭進行中的反攻取得成功，俄羅斯就必須動用核子武器。

持續了5百多天後，煙硝未熄，戰爭仍然看不見盡頭，頑抗的烏克蘭付出了極為慘痛的代價，是否能夠盼到和平的一天？又會是以什麼方式來到？

美國耶魯大學教授提摩希·史奈德（Timothy Snyder）解釋，「如果說這場戰爭給了世界什麼啟示，就是我們『自以為專家』的人們，應該戒慎恐懼地接受戰爭的不可預測性，並對那些挺身而出、為捍衛自我而戰的人們，給予更多的尊重與敬意。」

今日烏克蘭，不一定會是明日的台灣，但台灣確實處在有敵對意識的中國威脅之下，烏克蘭給台灣的提醒，是我們應該做好全方位的準備，不只避難、應戰，更要學會判斷事實、對話、團結，學習組織公民、使用外交手段。

透過這些學習與準備，將會讓我們成為一個運作更良好、更堅強的國家。🐾

更多線上精彩內容，
請掃描QR Code

6個新聞關鍵字 掌握俄烏戰爭

為什麼俄羅斯要攻占烏克蘭？歐美國家為什麼要支援烏克蘭？聯合國為什麼不能阻止戰爭？
從冷戰到混合戰，從北約到聯合國安理會，6個關鍵字，幫你一次看懂複雜的俄烏戰爭。

諮詢專家／魏百谷（政大國際事務學院副院長、俄羅斯研究所所長）
　　　　　楊長蓉（財團法人國防安全研究院助理研究員）
文字／陳韻如
設計、繪圖／鄭涵文

關鍵字 1 #蘇聯

「蘇聯」這個名詞，是指世界上第一個社會主義聯邦國家，也是這次引發俄烏戰爭的關鍵源頭。

這場戰爭的主導者俄羅斯總統普丁，在2021年7月公開發表文章，陳述他的思想，認為烏克蘭和俄羅斯在歷史上曾經是同一國（One Nation），文化上也是同一個民族（One People），從俄羅斯帝國時期，到蘇聯時期，都是「在一起的」。

普丁不斷入侵烏克蘭，企圖重新回復「蘇聯」時期，俄羅斯強大的國土和權力。

俄羅斯早在2014年2月期間，就派兵進入並占領烏克蘭領土克里米亞。普丁也主張，克里米亞是1954年時被當時蘇聯總書記赫魯雪夫（Nikita Khrushchev）從俄羅斯劃給烏克蘭。

那麼「蘇聯」究竟包涵什麼？烏、俄到底是不是「同一國族」？

1917年俄羅斯帝國瓦解後，俄羅斯蘇維埃聯邦社會主義共和國（簡稱蘇俄）建國。1922年，同為東斯拉夫民族的蘇俄，以及白羅斯、烏克蘭、外高加索聯邦，一同組成「蘇維埃聯邦社會主義共和國聯盟」（簡稱蘇聯，俄文縮寫CCCP、英文縮寫USSR）。

後來愈來愈多國家加入蘇聯，幾乎涵蓋整個東歐、北亞與中亞。但1991年蘇聯解體後，有15個國家獨立建國，包括俄羅斯和烏克蘭。如今俄、烏已經是不同的國家，社會體制也不一樣，俄羅斯成為「俄羅斯聯邦」，仍是威權體制，而烏克蘭成立「烏克蘭共和國」，已走上民主國家之路，所以烏克蘭不想再和俄羅斯成為「同一國族」。

關鍵字 2　#冷戰

　　冷戰？是在冰天雪地裡打仗嗎？其實是指「不開火」的戰鬥。

　　俄烏戰爭開打至今，美國的一舉一動都可能牽動戰況。為什麼美國會在俄、烏之間扮演這麼重要的角色呢？這要從「冷戰」講起。

　　1945 年第二次世界大戰後，蘇聯與美國成為全球前兩大超級強國，互相爭奪世界第一寶座，其他國家則是趕快選邊站，以求自保。

　　1946 年，世界分裂成兩大陣營：一方以美國為代表，是講求自由市場的資本主義陣營；一邊則以蘇聯為代表，是講求共享社會的共產主義陣營。於是，一場長達約半世紀、壁壘分

關鍵字 3　#北約

　　俄羅斯攻打烏克蘭的最大原因，就是要阻止烏克蘭加入「北約」。

　　烏克蘭與俄國的邊界長約 1,974 公里，大概是繞台灣全島海岸線一圈半那麼長。和北約不同陣營的俄羅斯認為，如果烏克蘭加入西方國家軍事戰略同盟的北約組織，自己的邊境會被北約國家團團包圍。

　　北約組織又是什麼呢？

　　北約全名為北大西洋公約組織（North

明的「冷戰」就此正式展開。

因為蘇聯與美國都擁有非常強大的武力，例如按下一個按鈕就可以引爆核彈，造成數百萬人死亡，萬一兩國打起來，恐怕會引發第三次世界大戰，所以兩國不敢真的出手。

兩國選擇在檯面下競賽，比如太空設備、武器研發等方面，或是介入其他區域的戰爭，利用別的國家打仗，例如韓戰、越戰等，甚至連主辦奧運時都互相抵制不參賽。但也因為美國與蘇聯沒有真的對彼此開火，所以這段競爭時期被稱為「冷戰」。

後來，美國為了防範蘇聯勢力擴張，與其他西方國家組成一個軍事組織，稱作「北約」。蘇聯也不甘示弱，成立了類似的軍事組織「華沙公約組織」對抗。一直到1991年蘇聯瓦解後，才結束冷戰時期。

Atlantic Treaty Organization，縮寫NATO），成立於1949年，一開始是為了防止蘇聯向外擴張。起初北約只有12個成員國，包括美國、加拿大、英國和法國等。1991年蘇聯瓦解後，部分原蘇聯成員國也都加入北約，目前共有31個成員國。

北約後來也變成維護北大西洋區域安全的組織，只要有任一北約成員國遭到他國攻擊，其他成員國都會伸出援手幫忙。

烏克蘭2008年首次申請加入北約，目前還非正式成員國。俄羅斯多次警告北約不能承認烏克蘭，但北約秉持開放精神，拒絕俄國要求，仍讓烏克蘭成為北約候選國。

#混合戰

俄羅斯攻打烏克蘭的戰爭，是一場混合軍事作戰和網路資訊戰的新型態戰爭，也被稱為「混合戰」。

除了軍火攻防，新型態的戰爭也著重在網路上製造各種假訊息，展開強大的資訊戰。俄羅斯從2014年占領克里米亞以來，便不停在網路上散布謠言。

戰爭開打後，俄羅斯不只誇大烏克蘭的軍隊傷亡人數，也散播不實訊息，跟人們說空襲警報是假的不必躲藏。俄國還以假帳號偽裝為烏克蘭平民，滲透進烏克蘭民眾間的互助網絡，甚至取得軍方資訊，影響烏國軍方判斷。

戰爭一旦開打，不實資訊也足以帶來致命影響，毀滅性並不輸給砲火。

關鍵字
5

#廣場革命

　　烏克蘭於1991年獨立後，俄烏衝突就一直存在，其中2013年烏克蘭發生的「廣場革命」，是衝突擴大的關鍵事件。

　　當時烏克蘭國內政治立場分裂成兩大勢力：西邊的烏克蘭親近西方國家派，想要加入北約、歐盟；東邊的烏克蘭則親近俄國派，想要跟俄羅斯建立友好關係。

　　2013年11月，烏克蘭當時的總統亞努科維奇（Viktor Yanukovych）屬於親俄派，放棄與歐盟簽訂強化合作關係契約的機會，選擇與俄羅斯交好，引發烏克蘭人民怒火，數萬人走上街頭，以烏克蘭首都基輔的獨立廣場為中心，展開抗議行動，這場革命被稱為「廣場革命」。

　　革命中爆發警民衝突，示威者一度占領烏克蘭議會，隔年2月政府武力鎮壓，最終百餘人在抗爭中喪生。

　　但廣場革命之後，亞努科維奇失去人民的信任，被罷免下台，烏克蘭也因而步入「脫離俄羅斯、往歐盟和北約靠近」的新時代，與俄羅斯的關係更為緊張，兩國衝突增加。

#聯合國安理會

俄羅斯進攻烏克蘭後,為什麼聯合國不能主持公道、要求停止戰爭?

事實上,美國在戰爭發生的第二天、即2月25日,就在聯合國安理會提案,嚴厲譴責俄羅斯,並要求俄羅斯撤軍停戰。然而諷刺的是,2月安理會的輪值主席國就是俄羅斯,雖然此案獲11國贊成,但俄羅斯不同意,中國、印度、阿拉伯聯合大公國則棄權。最後表決,即使只有俄羅斯一國反對,這項提案也還是不通過。

到底安理會怎麼運作呢?為什麼只有俄羅斯一國反對,就能夠阻擋提案?

聯合國安理會全名為「聯合國安全理事會」,負責維護世界和平。每當戰爭發生時,安理會有權要求戰爭國和平解決爭端。在更嚴重的情況下,安理會還可以使用武力進行制裁,協助恢復國際安全。

安理會由15個理事國組成,其中有5個常任理事國,包括中國、美國、英國、法國、俄羅斯,另有10個非常任理事國,這些國家輪流擔任主席主持當期會議。但是,5個常任理事國擁有「否決權」,任何提案要5個常任理事國都同意才會通過,只要1國投下反對票,提案就會被否決。

至於為什麼5個常任理事國可以享有否決權呢?聯合國在二戰之後成立,目的就是希望維持世界和平,在當時的美國總統羅斯福(Franklin D. Roosevelt)提議下,讓世界5

大強國擁有大於他國的權力,也就是中國、美國、英國、法國和那時的蘇聯,成為常任理事國,這5個國家在各個提案中有「一票否決」的權力。

不採「多數決」表決,看起來不太公平,不過會這樣規劃的理由,一方面是希望在重要議題上,可以在大國取得共識下推動,避免其他各國私下互相串連、影響投票結果;另一方面,保障這些大國利益,也「安撫」他們,不讓大國隨便找理由發動戰爭,或使用毀滅性武器。◢

更多線上精彩內容,
請掃描QR Code

開戰了，
難民去哪裡？動物們怎麼逃？

關於俄烏戰爭，同學們最想知道的是……

諮詢專家／魏百谷（政大國際事務學院副院長、俄羅斯研究所所長）
　　　　　楊長蓉（財團法人國防安全研究院助理研究員）
文字／陳韻如

 人可以逃出來，那動物呢？

新北市沈嬅耘同學

 可以這樣了解：

　　儘管人們逃難時，連照顧自己都有困難，但心中仍掛念著同樣受到戰火摧殘的動物們。戰爭發生後，來自世界各地的志工與獸醫團隊也奔赴烏克蘭各地戰區，持續救出受困動物，形成一條「動物救援鏈」。

　　在烏克蘭境內的人收到動物確切的位置後，會開車將動物轉往相對安全的西烏克蘭。在波蘭邊境上的組織則來回邊境，將更多動物遷往其他國家。另有一群志工則努力幫獲救的動物在波蘭或其他地區找到新家，有的組織更建立動物地圖，讓有意願的認養者輸入自己的資訊，協助收容中心聯繫適合的主人。

　　但不是所有的動物都有辦法撤離。基輔動物園的老虎、獅子等猛獸類動物，若園區遇襲時可能會脫逃，反而造成民眾安全風險，因此先被園方送到波蘭。但有些動物的情緒敏感、抗壓性低，並不適合長途跋涉，像是大象、駱駝、犀牛、長頸鹿和大猩猩等，只能留在基輔動物園，由大約50名留守的獸醫、營養師和動物園管理員，每天24小時輪班照顧牠們。

延伸閱讀〈「動物難民」的撤離與陪伴：侵烏戰爭下，橫跨歐洲的動物救援鏈〉

位於波蘭邊境普熱梅希爾（Przemyśl）的動物治療中心ADA基金會，在戰爭爆發後多次往返邊境搜救動物，把救出的動物們暫時安置在機構中。（攝影／楊子磊）

我是二年甲班王〇〇
我想知道
1為什麼〇〇〇〇〇〇〇〇
2為什麼〇〇的民眾想〇
〇〇〇
3為什麼〇〇〇〇〇〇〇〇
〇

我是二年甲班郭〇〇
我想知道：
〇〇〇〇〇〇〇要打〇？

圖片提供／屏東縣武潭國小老師朱鶲瑾

桃園市林輕軒、邱宇正同學
高雄市宥菁同學
苗栗縣彭宥榕同學

？ 被迫離開家鄉的烏克蘭難民都去哪了？

★ 可以這樣了解：

戰爭讓四分之一的烏克蘭人民失去家園，超過450萬人成為難民。這是二戰後，難民增加最快速的一場戰事。

烏克蘭現在禁止18～60歲的男性出國，必須留在國內支援軍隊，因此離家到國外去的難民多半是婦女與兒童。為了尋求安全的住所，這些難民主要逃往波蘭、摩爾多瓦、羅馬尼亞、匈牙利、斯洛伐克、德國等國家；但歐洲之外的許多國家都對烏克蘭難民表示歡迎。

收容最多烏克蘭難民的國家是波蘭，曾一度超過200萬難民湧入波蘭尋求庇護。在波蘭各個車站，政府單位和非政府組織以及志工幫助難民安排住宿、生活，提供免費語言課程、法律諮詢、申請居留。在德國柏林車站，也有人舉起「我家有房間，可以接納你們」的牌子，主動向難民伸出援手。過去對難民比較保守的日本，這次也敞開雙臂，許多國家幾乎沒有限制烏克蘭難民入境的人數，都是過去很少見的狀況。

戰後3個月，收容烏克蘭難民的主要國家

俄羅斯
白羅斯
波蘭
德國
斯洛伐克
烏克蘭
羅馬尼亞
匈牙利
摩爾多瓦

資料統計時間：2022年2月24日～2022年5月31日
資料來源：聯合國難民署、德國聯邦內政和家園部

（繪圖／九同連合）

台北市何薇、許恩愷同學
桃園市許見齊同學
高雄市沐洋、芷歆同學
金門縣黃允潔、周立元同學
苗栗縣許翊傑、鄭羽桐、黃鈺庭同學
台東縣余俊宏同學

❓ 第三次世界大戰要開打了嗎？

★ 可以這樣了解：

世界大戰的定義，是要有多個國家一起參戰。目前這場戰爭，戰場幾乎只發生在烏克蘭境內，不算是「世界大戰」。此外，負責解決國際紛爭的司法機關「國際法院」，日前以13票贊成、2票反對，裁定俄羅斯必須立刻撤軍停火，並保證不會再次入侵烏克蘭，只有俄籍和中國籍法官投下反對票。從國際法院裁定的結果來看，絕大多數國家都反對戰爭，沒有人想要打仗。

國際關係與我們平時的人際關係一樣，就算有紛爭，應該要以和平、非暴力的方式達到共識，而非發動戰爭以武力解決。一戰和二戰的戰場都由歐洲點燃，造成的損失與傷痕，讓歐洲各國深刻記取教訓，希望類似的悲劇不要再發生。以北約和美國的反應來看，也都是在預防擦槍走火，儘管他們都送武器給烏克蘭防禦，但都很自制，沒有派軍隊進入烏克蘭，就是不想擴大事端，避免真的造成第三次世界大戰。

波蘭首都華沙市中心的霍爾大型體育場館（Arena COS Torwar），在戰爭爆發後作為烏克蘭難民的收容中心使用。（攝影／楊子磊）

苗栗縣許伯丞、陳晏立、
黃筱晰、林祐羽、李予潼、
潘佑劼、邱淳栩、黃詠晴、
邱翎瑄、陳禹璇同學

戰爭來的話，我可以躲哪裡？

可以這樣了解：

台灣和其他國家一樣也有自己的國防目標，一旦發生戰爭，也會依「終戰指導」訂出原則，但這個原則可能會視執政黨以及不同時期人民的共識而有變動。

根據《2021年國防報告書》，台灣的國防安全目標為「國土主權、寸土不讓，民主自由、堅守不退」，而目前的策略也是採取堅決不投降的態度。除了原有的軍隊之外，台灣也會召集後備軍人，充實軍力保衛家園。

但戰爭就如同災害，也訂有逃生救援的規畫，若真的遭遇危機時刻，大家要緊緊跟著家人一起逃到安全的地方避難。在內政部警政署的官網中有「防空疏散避難專區」，裡面可以查到離自己家最近的防空避難處。此外，台灣四面環海，政府也隨時掌握台海情勢，一旦敵軍登陸，會疏散人民往內陸避難；而台灣高度城市化、建築物密集，也有利躲避和防禦，以建築當作掩體，躲避敵人轟炸，會增加敵軍攻擊的難度和成本。

同學們提出的其他更多問題，請掃描QR Code，找到你想知道的解答：

為什麼開戰？

Q1　俄烏戰爭怎麼開始的？

Q2　俄羅斯為什麼要攻打烏克蘭？

Q3　為什麼俄羅斯阻止烏克蘭加入西方組織？

Q4　俄羅斯憑什麼說烏克蘭是他們的？

Q5　烏克蘭人民目前的生活怎麼樣？

發生了什麼事？

Q6　為什麼有那麼多國家都歡迎難民？

Q7　火力強大的俄羅斯為什麼攻不下烏克蘭？

Q8　俄羅斯人民為什麼也支持戰爭？

Q9　其他國家怎麼幫助烏克蘭？

Q10　俄羅斯會動用核武嗎？

有什麼影響？

Q11　戰爭對全世界造成哪些影響？

Q12　發動戰爭的普丁會受到懲罰嗎？

Q13　俄烏戰爭要打到什麼時候？

Q14　有沒有生物因為戰爭遭到滅絕呢？

Q15　中國支持俄羅斯嗎？

Q16　中國會趁機攻打台灣？

戰火下的黑暗之光
被迫離開家的烏克蘭孩子和他們的新家

男孩在吃拉麵的時候……隔壁的花斑貓在打哈欠

隔壁的花斑貓在打哈欠時……隔壁的小米在按遙控器

隔壁的小米在按遙控器的時候……遠在山上的一個國家的男孩倒了下去

——摘自日本作家長谷川義史的繪本《我吃拉麵的時候……》

文字／楊惠君
攝影／楊子磊

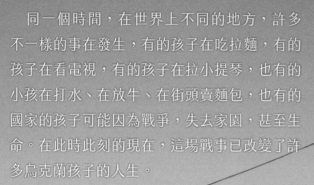

同一個時間，在世界上不同的地方，許多不一樣的事在發生，有的孩子在吃拉麵，有的孩子在看電視，有的孩子在拉小提琴，也有的小孩在打水、在放牛、在街頭賣麵包，也有的國家的孩子可能因為戰爭，失去家園，甚至生命。在此時此刻的現在，這場戰事已改變了許多烏克蘭孩子的人生。

從2022年2月24日起，已有高達400萬的烏克蘭人民離開家園成為難民，其中近150萬難民是孩童，他們被逼離開自己的學校、家園。但世界最殘酷最黑暗的時刻，往往也是最能展現人性善美光彩的時刻。

《報導者》攝影記者楊子磊，在戰爭爆發第一時間的2022年3月，進入收容最多烏克蘭難民的國家波蘭，記錄下殘酷戰爭中溫暖的一面。

2022年3月13日傍晚，在烏克蘭與波蘭的邊境關口，一群帶著孩子的女性正要徒步通過國界。俄羅斯入侵烏克蘭戰爭爆發後，烏克蘭限制18～60歲的男性公民離境，因此逃亡的隊伍中多數都是母親與孩子。

1. 2022年3月13日，在氣溫接近零度的深夜裡，一群剛抵達波蘭國境的烏克蘭孩子在公路旁烤火取暖。

2. 在波蘭東部接近烏克蘭邊界的公路旁，來自世界各地的志工準備了各種物資與食物，讓方才抵達的烏克蘭家庭能夠在此歇息。3月13日晚間，一位烏克蘭女孩在志工的協助下挑選自己喜歡的布偶。

3. 在接近烏克蘭邊界的波蘭城鎮梅迪卡（Medyka），許多烏克蘭難民通過國界後在這裡搭上了前往其他城市的巴士。3月15日中午，一個孩子搭上車之後望著窗外的景色。

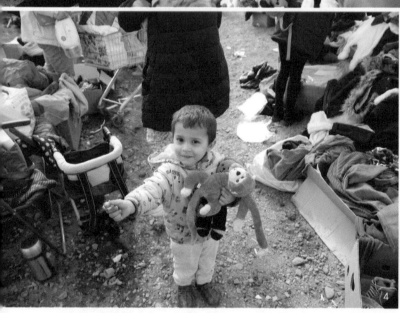

4.在梅迪卡一處公路旁的物資站，一個抱著布偶的烏克蘭孩子試圖與人分享他手中的糖果。　5.波蘭東南方的城市普熱梅希爾，是波烏兩國來往的重要交通關卡。在戰爭爆發後，此地湧入大量逃難的烏克蘭民眾，而地方議會會堂便作為難民收容中心使用。

6.波蘭的法比安（Monika Fabjan，右四）與來自烏克蘭的漢娜（Hanna，左二）兩家人，在法比安住家的客廳裡合影。戰爭爆發後，許多波蘭家庭決定打開家門接待逃難的烏克蘭家庭。　7.羅曼紐克（Agata Romaniuk）的家中有一幅圖畫，是她接待的烏克蘭家庭中一個6歲的女孩迪娜（Dina）所畫，畫中有許多她在這個屋子裡認識的事物。◢

暗黑時刻誰點起了光
有關戰爭的小説、詩篇、漫畫和繪本

文學可以讓我們通往一個更大的世界，擁有更寬廣的心靈
科學家、藝術家、教育家、社會工作者和政府官員站在不同的視野
分享推薦他們喜愛的「戰爭」文學作品

文字／楊惠君

《越南戰記》 作者｜開高健

(推薦人)

日本資深媒體人、作家　野島剛

我的工作是撰寫文章，讓大家知道世界發生了什麼事。

我想推薦的是日本小説家開高健的戰地文學作品《越南戰記》。這本書能幫助大家了解戰地記者的角色、戰爭的多面性，以及戰爭中沒有絕對的好人或壞人。

我自己也曾是戰地記者，2001年阿富汗戰爭、2003年伊拉克戰爭兩度到戰地進行報導，後來完成《伊拉克戰爭從軍記》這本書。戰地記者的採訪工作有許多限制，他們得確保通訊順暢、保護自身安全，同時要以外語進行採訪，可説每一篇戰爭報導裡，都有很多記者的血淚。

開高健本身是小説家，《越南戰記》超越了一般單純的報導，完全沒有美化戰爭。書中有一段深刻的描述：作者目睹美軍將一名北越臥底少年交給南越軍隊處決的過程，當下，他思考自己能做什麼？最後只能做一名「目擊者」。面對道德與現實的拔河，救不了被處決的小孩，也阻止不了軍人，只能目擊、只能用筆寫下來。作為一個記者和小説家，像是一個「無力的人」，他的理想也崩潰了。但

（繪圖／九同連合）

是，即使在現場一條命也救不了，身為戰地記者或小説家，還是要報導，還是要寫出來。

戰地記者是英雄嗎？是偉大的嗎？是勇敢的嗎？都不是。他們從來沒有受過軍事訓練，沒有經歷過戰爭，僅能在許多限制下盡力完成報導。而在戰場上，看到對立的敵人就一定是壞人嗎？換一個角度，他們可能又是好人。我們必須以多元的視角來看待戰爭。

世界上有很多事超越我們的想像。很多人以為可以在網路世界中看到所有的事，但虛擬的東西永遠是虛擬的，很多事不進入現場，無法知道真實世界裡發生了什麼事。我們的世界需要戰地記者這個職業，唯有透過記者，讀者才能看到戰地的現實。

小說

《安妮日記》
作者｜法蘭克・安妮

（推薦人）
「為台灣而教」基金會創辦人 劉安婷
即便在苦難中，不要變成渾身是刺的刺蝟，而更要成為持續懷有盼望與溫暖的存在。

《牧羊少年的奇幻之旅》
作者｜保羅・柯爾賀

（推薦人）Podcaster 敏迪
當你真心渴望一件事，整個宇宙都會聯合起來幫助你。

《追風箏的孩子》
作者｜卡勒德・胡賽尼

（推薦人）國家衛生研究院院長 司徒惠康
高掛在天空的風箏對許多小男生而言是他們心中追求的夢想，但是這個夢想的背後代表著的是人性中最簡單也最複雜「愛」的本質。

《最黑暗的時刻》
作者｜安東尼・麥卡騰

（推薦人）大亞電線電纜董事長 沈尚弘
英國人民透過他們選出的國會議員做出了選擇。若不幸有一天，台灣要面對這樣黑暗的時刻，我們又該怎麼做出選擇？

漫畫

《風之谷》
作者｜宮崎駿

（推薦人）《報導者》總編輯 李雪莉
在這場人類咎由自取的災難裡，投射出人性的高貴與美好。

《刺客列傳》
作者｜鄭問

（推薦人）音樂製作人 黃少雍
透過漫畫的方式更能讓小朋友接觸權力、鬥爭、權謀的影響力，也能了解刺客為了忠誠或是理念所做出的犧牲。

《全員玉碎！》
作者｜水木茂

（推薦人）漫畫家 阮光民
在黑色幽默裡，帶著驚悚和濃濃的悲傷，是希望大家直視戰爭的殘忍，而省思戰爭的可怕和荒唐。

繪本

《歐先生的大提琴》
作者｜珍妮・卡特

（推薦人）教育部長 潘文忠
直到有天，大砲炸毀了救濟車，人們都在哀傷、害怕的同時，歐先生選擇帶著大提琴到廣場中央，用悠揚的琴聲化作溫暖的彩虹，照亮昏黃的街道。

《祕密計畫》
作者｜喬納・溫特；繪者｜貞娜・溫特

（推薦人）兒科醫師、作家 黃瑽寧
戰爭很可怕，可怕的不只是轟炸，而是在戰場上的人無法選擇善良，只能選擇冷漠。

《班雅明先生的神祕行李箱》
作者｜張蓓瑜

（推薦人）台灣大學法律學系教授 謝煜偉
當被迫必須離開家鄉，大家都將自己心目中最看重的事情投射在行李箱裡，如果你是班雅明，又會在行李箱裡裝什麼東西呢？

詩歌

〈起初他們……〉
作者｜馬丁・尼莫拉

（推薦人）作家、環境運動志工 王南琦
人們面對極權暴政，沉默不是中立。在高大堅硬的牆與雞蛋之間，希望我們永遠站在雞蛋這邊。

《黑色的歌》
作者｜辛波絲卡

（推薦人）導演 盧建彰
那些字句，經歷了時間和記憶的洗練後，更像是人類的智慧，在壓迫後發出光亮，照出歷史的黑暗，和戰爭的殘酷可笑。

每一本書
推薦全文

新聞測驗

總統先生，
你是間諜？還是演員？

15題測試你對烏俄與戰爭了解多少？

試試看，你可以答對幾題？
如果還沒有把握，也可以先閱讀參考相關報導
例如《少年報導者》的專題《戰爭與和平——烏克蘭、俄羅斯和台灣的我們》

諮詢專家／巫仰叡（桃園市內壢高中地理科老師、Facebook粉絲專頁《巫師地理》創辦人）
　　　　　魏百谷（政大國際事務學院副院長、俄羅斯研究所所長）
文字／陳韻如
設計、繪圖／鄭涵文

Q
聯合國安理會提案譴責俄羅斯發動戰爭，哪個國家沒有投下同意票？

☐ 美國
☐ 英國
☐ 俄羅斯
☐ 法國

提交！

認識烏克蘭 ....

1. 烏克蘭國旗是由哪兩個顏色組成？
   Ⓐ 黃、藍　　Ⓑ 紅、白　　Ⓒ 綠、藍　　Ⓓ 藍、白

2. 國土全部在歐洲境內的國家中，烏克蘭面積排名第幾大？
   Ⓐ 第一名　　Ⓑ 第二名　　Ⓒ 第三名　　Ⓓ 第四名

3. 烏克蘭總統澤倫斯基曾經做過哪個工作？
   Ⓐ 機長　　Ⓑ 喜劇演員　　Ⓒ 老師　　Ⓓ 工程師

4. 俄羅斯與烏克蘭曾有過一場「食物戰爭」，雙方都主張某道菜是自己的「國菜」，是哪一道菜？
   Ⓐ 玉米粥 (Banosh)　　　　Ⓑ 高麗菜捲 (Holubtsi)
   Ⓒ 厚切醃製豬油 (Salo)　　Ⓓ 羅宋湯 (Borsch)

5. 烏克蘭的國花是什麼？
   Ⓐ 玫瑰　　Ⓑ 鬱金香　　Ⓒ 康乃馨　　Ⓓ 向日葵

認識俄羅斯 ....

6. 俄羅斯的國土位在世界五大洲的哪一洲？
   Ⓐ 歐洲　　Ⓑ 亞洲　　Ⓒ 以上皆是

7. 俄羅斯總統普丁曾經做過哪個工作？
   Ⓐ 間諜　　Ⓑ 廚師　　Ⓒ 律師　　Ⓓ 獸醫

8. 哪一個童話故事源自俄羅斯？
   Ⓐ 白雪公主　　Ⓑ 拔蘿蔔　　Ⓒ 小紅帽與大野狼　　Ⓓ 三隻小豬

9. 2020東京奧運和北京冬奧都看不到「俄羅斯」隊伍，他們的選手以什名義參加？
   Ⓐ USA　　Ⓑ CHN　　Ⓒ ROC　　Ⓓ RUS

10. 俄羅斯國旗由白、藍、紅三個顏色組成，這三個顏色順序為何？
    Ⓐ 白、藍、紅　　Ⓑ 紅、藍、白　　Ⓒ 白、紅、藍　　Ⓓ 藍、白、紅

認識戰爭 ....

11. 哪一個國家不是從蘇聯解體後獨立建國？
    Ⓐ 俄羅斯　　Ⓑ 土耳其　　Ⓒ 烏克蘭　　Ⓓ 哈薩克

12. 俄羅斯入侵烏克蘭，主要採行哪種戰術？
    Ⓐ 地面戰　　Ⓑ 空中戰　　Ⓒ 海面戰　　Ⓓ 混合戰

13. 烏克蘭境內，哪些地區被俄國實質掌握？
    Ⓐ 頓巴斯地區　　Ⓑ 克里米亞　　Ⓒ 以上皆是

14. 聯合國安理會提案譴責俄羅斯發動戰爭，哪個國家沒有投下同意票？
    Ⓐ 美國　　Ⓑ 英國　　Ⓒ 俄羅斯　　Ⓓ 法國

15. 很多國家都對烏克蘭人民展開雙臂，其中，哪個國家接受的烏克蘭難民最多？
    Ⓐ 波蘭　　Ⓑ 德國　　Ⓒ 匈牙利　　Ⓓ 英國

詳細解答
在這裡

解答：1.A　2.A　3.B　4.D　5.D　6.C　7.A　8.B
9.C　10.A　11.B　12.D　13.C　14.C　15.A

PART
2 病毒戰爭

COVID-19 病毒
教我們的事

過去3年，
全世界都生活在COVID-19病毒的影響之下
超過7億6千萬確診病例
從小孩到老年人，至少700萬人失去生命
是人類自第二次世界大戰以來最嚴峻危機

3年之間，口罩阻隔了人與人的交流
全世界一度全面暫停移動
直到2023年5月世界衛生組織宣布
結束新冠疫情的緊急狀態
但「與病毒共存」，人類付出了多少代價？
誰為我們與病毒正面交鋒？
病毒又如何激發中國近代最重要的民主革命？

文字／王弘毅、陳韻如、柯皓翔、陳麗婷、鄭涵文、陳潔
設計、繪圖／黃禹禎、鄭涵文
攝影／王崴漢、余志偉

我為台灣養出第一隻新冠病毒

文字／柯皓翔、陳韻如

　　COVID-19病毒讓全世界翻天覆地，有人卻想盡辦法要把病毒留存下來。我就是那樣的人。

　　我是張淑媛，台大醫院檢驗醫學部副主任，也在台大醫學檢驗暨生物技術學系任教，2020年1月30日，我和台大醫檢團隊以及P3實驗室團隊，花了3天的時間，從COVID-19確診病例的檢體中，分離出第一度台灣本土的新冠病毒。台灣也是全世界第四個分離出這個病毒的國家。

　　「養病毒」，就是我們主要的工作之一。「養病毒」聽起來很不可思議，一般人接觸病毒，是恨不得趕快殺光，但身為醫檢師的我們，卻是要把病毒留存下來，甚至希望可以養出更多的病毒。

　　在醫學研究上，必須要有活的病毒，才能分析病毒對人體的影響，以及研發藥物、疫苗，並且對藥物和疫苗的效果進行檢測。這些實驗需要反覆驗證數據，甚至可能經歷很多次失敗，所以就必須有大量的病毒備用，這是研發解藥、對抗病毒非常重要的一環。

養病毒的心情，
既期待又怕受傷害

　　醫檢師必須在很短的時間將病毒培養、鑑定出來，所以常常會面臨很大的壓力。一開始我得在P3實驗室內，想辦法用細胞將病人檢體裡面的病毒培養出來。

　　我們主要是觀察細胞是否產生病變，來間接證明病毒確實活生生地在細胞上作亂。這個困難在於，雖然我們已經知道新冠病

台大醫學檢驗暨生物技術學系教授兼台大醫院檢驗醫學部副主任張淑媛，帶領實驗團隊僅花3天時間，分離出第一隻台灣本土的新冠病毒。（攝影／余志偉）

（SARS-CoV-2）與 2003 年曾出現的 SARS 病毒都屬於冠狀病毒，也看過 SARS 病毒感染細胞的樣子，可是新冠病毒是新的病毒，它的細胞病變長什麼樣子，當時根本還沒有人知道。

於是我跟我的團隊把自己關在 P3 實驗室內，幾乎把實驗室當成家。觀察到後來，有時候也會懷疑：「這真的是新冠病毒感染的樣子嗎？」在與病毒交手的過程中，總是充滿「既期待又怕受傷害」的心情。

最後，我們把新冠病毒養起來了，但是，一開始只能養出少少的病毒，如果要用在研究和實驗上，數量根本不夠。我立刻向我的老師、已經退休的台大醫檢部前主任高全良求助，他在 2003 年時也是台灣第一個養出 SARS 病毒的人。

我向高老師請教當年他用細胞培養 SARS 病毒的經驗，繼續嘗試操作各種類的細胞株、調節條件後，總算找到讓病毒長得較好的「配方」，順利提供研究人員足夠的病毒材料，用來研發疫苗與藥品。

醫檢師像疾病偵探，也負責 PCR 檢測

醫檢師另一個重要的工作是「檢驗疾病」，檢查大量的病患檢體，比如血液、唾液、尿液、糞便等，看看裡頭是否有異狀，以此判斷他們是否有高血脂、糖尿病，甚至癌症等狀況。我們就像是疾病「偵探」，每天在實驗室裡，努力揪出各種疾病的蛛絲馬跡，協助醫師做出正確的診斷，讓醫師可以安排病人的治療程序。

COVID-19 疫情之下，大家常常聽見的「PCR 核酸檢測」，也是我們醫檢師每天都要處理的工作之一。台灣 Omicron 大流行時，PCR 送驗量隨之暴增，全國的醫檢師工作量大增，常常要加班，才能做完所有檢測。很多

醫檢師都是咬牙堅持下去，希望趕緊檢驗出病毒，讓病患能夠盡快接受治療。

工作很寂寞，但可控制疾病幫助很多人

投入病毒實驗工作，醫檢師都會盡量與公眾、家人保持距離，害怕萬一自己不小心感染病毒，家人也被牽累。

2020 年 COVID-19 入侵台灣，那陣子與家人相處時，我幾乎都帶著口罩，為了避免家人擔心，我也絕口不提自己正在進行什麼實驗。直到後來成果透過新聞發表出來，連我的先生都是看新聞才知道，我成功培養出 COVID-19 病毒。

醫檢師的實驗室人生，面對的是密閉的空間、潛藏危機的病原，孤單而寂寞，為什麼我會選擇投入？

當年念完醫技系後，我並沒有選擇留在醫院當醫檢師，而是去美國哈佛大學念書。當時，有一堂公衛課在討論某地發生疫情後，因為檢驗方法能快速辨認病原體，讓醫護人員可以及時處理病患，因而控制住疫情，預防更多人受害。當下我深刻體會，醫檢師的角色真的非常重要。

後來我繼續攻讀博士，有個到非洲波札那（Botswana）協助成立 HIV 實驗室的機會，當時非洲 HIV 愛滋病毒感染的情況十分嚴重，我自告奮勇參加，待了半年替當地訓練人才，建立實驗室，透過這樣的交流，讓當地人可以幫助他們的國家早點脫離疫情，拯救更多生命，這是我生命中感受非常深切的經驗。

未來，當世界再次面對病毒戰爭，即便工作再累再寂寞，我仍會繼續奮戰。📢

更多線上精彩內容，請掃描 QR Code

新冠病毒為什麼那麼會變？

COVID-19疫情流行期間，出現非常多變異病毒株
愈變異愈可怕嗎？人的行為又怎麼影響病毒的變異呢？
一起來了解新冠病毒為什麼那麼會變？有哪些重要的突變？

文字／王弘毅（台大醫學院臨床醫學研究所教授）

2019年底開始的COVID-19新冠病毒大流行，至2023年5月，已經感染超過7億6千萬人，並造成超過700萬人死亡。

從最早出現的武漢病毒株之後，3年多來全球大流行期間，產生了許多的變異病毒株，你可能聽過這些名字，包括：Alpha、Beta、Gamma、Delta、Omicron，甚至Kappa、Mu、Zeta等。

認識4種引發大流行的重要病毒株

其中，最強勢的有4種病毒株，為全世界帶來了4波流行的高峰：

■ **第一波原始的武漢病毒株：**從2020年初開始，全球感染人數逐漸增加，直到2020年底達到該波疫情的頂點，當時全球每日確診病例超過70萬人，直到2021年初病例數才開始下降。

■ **第二波Alpha變異株：**從2021年春天開始，是Alpha變異株流行高峰時期，病例數達到全球每日超過80萬人確診，一直到

當年夏天開始前才逐漸下降。

■ **第三波Delta變異株：**第三波由Delta變異株帶起的疫情，很快地在2021年暑假開始，直到秋天才趨緩。

■ **第四波Omicron變異株：**沒想到，Delta病毒趨緩後，最厲害的大魔王才要登場。2021年底在南非發現的Omicron變異株隨即席捲全世界，高峰時期每日全球確診人數超過300萬人。Omicron後來也成為這次疫情最強勢、最終成為主流的病毒。

新冠病毒特別會「變」嗎？

除了第一波疫情高峰，另外3波疫情都是新變異株所造成。這讓大家不禁懷疑，難道比起其他病毒，新冠病毒比較會突變嗎？否則為什麼我們在這麼短的時間內會看到這麼多的變異？畢竟2003年的SARS病毒同樣也是冠狀病毒，在流行期間卻沒有產生新的變異！

在回答這個問題前，要先解釋變異是如何產生的。

所有生命的遺傳物質都是DNA或是RNA。

（設計、繪圖／黃禹禎、鄭涵文）

生命在複製的時候，遺傳物質也必須同時複製，病毒也不例外。新冠病毒是一種RNA病毒，RNA病毒在複製的時候需要RNA複製酶。與DNA複製酶相比，RNA複製酶有較高的突變率。因此RNA病毒的變異速度要比DNA病毒快上許多。

然而，這並不能解釋COVID-19新冠病毒變異株產生的速度。畢竟，它的「親戚」SARS病毒就沒被觀察到有許多的變異株。

真正關鍵在於「感染人數」多少

變異產生的速度除了與複製酶的突變率有關，也與複製的次數有關。因為有複製才容易產生錯誤，所以單位時間內複製的次數愈多，則產生的變異數目也會愈多。這就是新冠病毒有異於其他病毒之處了。

前面提到，COVID-19在高峰時期，全球每日感染人數往往有70～80萬人，甚至超過百萬人。假設從感染到痊癒需要14天，也就是說新冠病毒會同時在超過千萬人身上複製。假設複製酶的突變率是不變的，感染數十萬人的突變數目，就是感染數十人的一萬倍之多。

因此，造成新冠病毒產生許多變異株最重要的原因，並不是病毒「本身」突變率增加，而是被感染人的母數太多了，讓病毒突變的次數增加。

2002到2003年的SARS病毒，在全球「僅」造成8,437人感染，這個數字不到新冠病毒的萬分之一。假設同為冠狀病毒的SARS與COVID-19病毒有同樣的突變率，合理推斷感染人數為SARS一萬倍以上的新冠病毒，就會有超過一萬倍以上的變異。這也是我們不斷發現COVID-19病毒有新變異的原因。

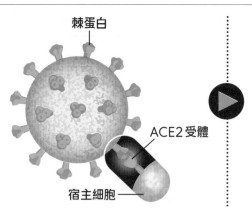

圖解
病毒突變的過程

COVID-19的病毒SARS-CoV-2，最大特徵是表面像皇冠的棘蛋白，它就是和人體細胞結合的關鍵「鑰匙」，也是引發免疫反應的重要抗原。

這隻病毒內有承載遺傳訊息的RNA，基因體長約3萬個核苷酸，分有多種功能區段；不過RNA複製過程容易出錯，每個錯誤都會讓核苷酸位點發生突變。

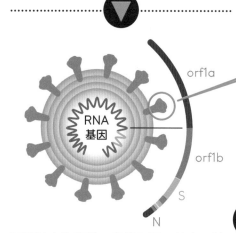

不同地方的突變，意義不同。其中，對應棘蛋白生成的S基因突變，因為是與人體細胞接合的重要位置，這個區段突變，就可能增強它的感染力，所以最為重要。

病毒變異的方向如何預測

　　了解變異產生的原因之後，我們也可以預期只要全球感染人數居高不下，新變異還是可能會源源不絕地出現。事實上，後來全球大流行的Omicron變異株，確實又出現了不同的亞型，除了原本的BA.1之外，又有BA.1.1、BA.2、BA.3等等。如果變異持續發生，我們如何預期病毒會產生怎樣的演變呢？

　　由於突變是隨機發生的，所以很難預測未來的變異株會朝哪個方向發展。科學家通常根據病毒與宿主的交互關係來預測大的改變方向：

1. 朝向「感染力增強」的可能

　　首先，病毒最重要的任務就是感染宿主。在這個前提下，如果新的突變會增強病毒感染機率，這類突變就比較容易被保留下來，而病毒累積這些突變，就可能產生新的變異株。因此，可以預測新的變異株會有較好的「感染能力」。事實上，造成流行高峰的新冠病毒變異株，從一開始的武漢株、Alpha、Delta到Omicron，每一代的變異，其感染能力都比前一代要高。

2.朝向「溫和病毒」的可能

　　其次，病毒主要目的是感染以及散布。

會讓宿主不舒服、甚至死亡，其實是「意外」的結果，並不是病毒的主要目的。感染而造成宿主死亡，對病毒來說不是最好的選擇，因為死亡的宿主不容易幫病毒繼續傳染下去、病毒也不容易生存；所以，「與宿主共存」才是病毒的最佳選擇。我們也可以由此預測，新冠病毒會朝著變得較為「溫和」的方向發展。

資料來源：NEJM、台大醫學院臨床醫學研究所教授王弘毅、中研院統計學研究所副研究員楊欣洲

註：病毒特性之所以改變，並非單一位點變異所導致，而是全部變異點共同作用下的結果；本圖僅列出主要變異株之關鍵變異點。（資料整理／柯皓翔、陳潔；繪圖／黃禹禛）

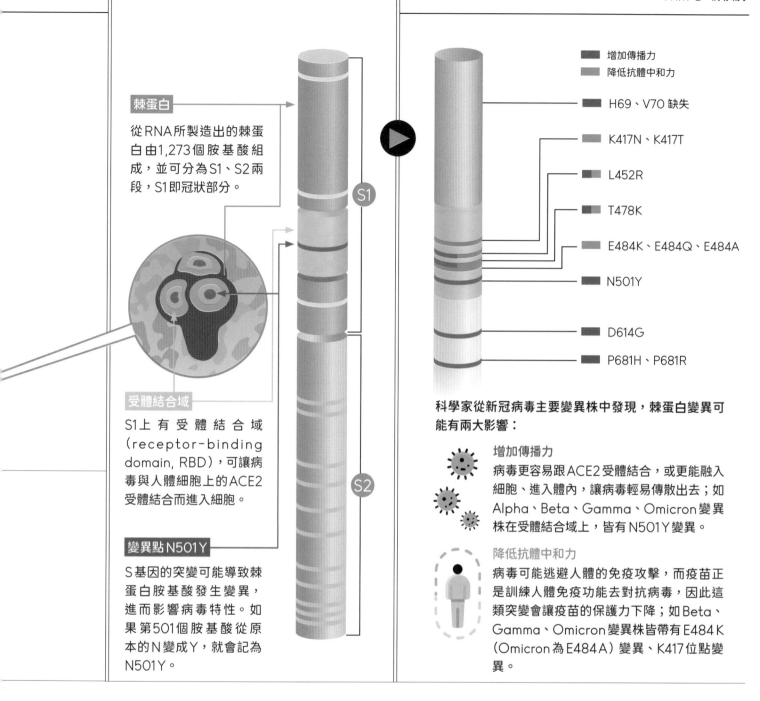

棘蛋白

從RNA所製造出的棘蛋白由1,273個胺基酸組成，並可分為S1、S2兩段，S1即冠狀部分。

受體結合域

S1上有受體結合域（receptor-binding domain, RBD），可讓病毒與人體細胞上的ACE2受體結合而進入細胞。

變異點N501Y

S基因的突變可能導致棘蛋白胺基酸發生變異，進而影響病毒特性。如果第501個胺基酸從原本的N變成Y，就會記為N501Y。

■ 增加傳播力
■ 降低抗體中和力

- H69、V70 缺失
- K417N、K417T
- L452R
- T478K
- E484K、E484Q、E484A
- N501Y
- D614G
- P681H、P681R

科學家從新冠病毒主要變異株中發現，棘蛋白變異可能有兩大影響：

增加傳播力
病毒更容易跟ACE2受體結合，或更能融入細胞、進入體內，讓病毒輕易傳散出去；如Alpha、Beta、Gamma、Omicron變異株在受體結合域上，皆有N501Y變異。

降低抗體中和力
病毒可能逃避人體的免疫攻擊，而疫苗正是訓練人體免疫功能去對抗病毒，因此這類突變會讓疫苗的保護力下降；如Beta、Gamma、Omicron變異株皆帶有E484K（Omicron為E484A）變異、K417位點變異。

　　然而，這個情況必須建立在宿主「有限」的前提下。如果病毒可以任意無限地感染宿主，它就不需要變得更溫和，因為它可能在前一個宿主生病或死亡之前，就已經找到下一個宿主，完成它散布及生存的目的，此時前一個宿主的存亡就與病毒的利益無關了。

　　因此，當感染人數持續無限擴展變得很多

的時候，病毒未來改變的方向就變得不容易預測。例如Delta變異株的致死率與重症率都比Alpha株來得高，然而Omicron的致死率與重症率都比較低。

　　新冠病毒的演化方向其實與感染人數息息相關。如果我們可以控制感染人數，不但新的變異會減少，也能預期病毒會朝變得較為「溫和」的方向演化。反之，如果感染人數持續增

加，我們可以預期新的變異株仍會不斷產生，而且病毒也不見得會變得更「溫和」。

與病毒「和平共處」，人類做得到嗎？

大家很關心的另一個問題是：我們可不可能與病毒「和平共處」呢？

其實，病毒與宿主之間的拔河是從有細胞以來就不斷上演。宿主必須不斷地改變，才能逃避病毒的入侵；相對的，病毒也必須不斷地變異，才能一直感染新的宿主。例如流感病毒常常產生新的變異，所以每年都必須注射新的疫苗。

台灣每年估計約有4,500人死於流感（每10萬人約有20人死於流感），相當於十大死因第九位，而且當中80％為65歲以上的老人。面對這個古老的疾病，人類似乎從來就沒有真的與流感病毒「和平共存」。

如果「和平共存」指的是新冠病毒對人類社會的傷害到達「可以忍受」的範圍，那我們就有機會達成。

事實上，除了新冠病毒之外，本來就還有其他4種冠狀病毒在人群之中傳播。根據歐美的研究，每年流感季節有流感症狀的人，其實當中有10％的人得的是冠狀病毒，而不是流感病毒，所以冠狀病毒早就在我們的生活中了。

至於，COVID-19病毒何時會成為第5種長期留存在人類族群中的「一般」病毒，最終可能還是取決於我們採用的手段。如果我們愈快把病毒感染控制在合理的範圍內，就愈有機會達成「和平共存」的目標。🐾

更多線上精彩內容，請掃描 QR Code

動物也要打 COVID-19 疫苗？

COVID-19全球大流行，
全世界都接種COVID-19疫苗，
你有想過動物也需要打疫苗嗎？
哪些動物會感染新冠病毒呢？
動物打的疫苗和人類的一樣嗎？

諮詢專家／陳慧文（台大獸醫學系教授）
　　　　　余冠儀（國家衛生研究院感染症與疫苗研究所副研究員）
文字／陳潔、陳韻如

病毒會挑宿主，入侵就像開鎖

COVID-19的病毒是會挑宿主的，➕不是每一種動物都會被感染，有細胞受體ACE2（Angiotensin-converting enzyme 2）的動物才會。

因為，COVID-19是一種新型冠狀病毒，這個病毒的表面有個像皇冠的「棘蛋白」（Spike Protein）。棘蛋白就像一把鑰匙，而人類身體的細胞受體ACE2像一個鎖，鑰匙解開鎖後，才會感染新冠病毒。➕

哪些動物有和人類一樣的細胞受體ACE2呢？水貂就是其中之一。水貂的皮毛可以做成昂貴的皮草大衣，因此國外有大量飼養水貂的養殖場。

根據英國媒體《衛報》（The Guardian）2021年2月的報導指出，截至2021年1月，歐洲至少有8個國家、400個水貂養殖場出現新冠病毒，其中丹麥、荷蘭、希臘最多，瑞典、

被寄生的「宿主」

　　病毒、細菌、螺旋體、真菌、原蟲、昆蟲等寄生物，可以寄生在植物、動物或人體身上，而被這些寄生物寄生的植物、動物或人體就是「宿主」。

「鎖孔」與「細胞受體」

　　病毒要入侵人體內，就像是用鑰匙開鎖一樣，要能和人體的細胞接合成功才行，所以不是什麼病毒都能傳給人。像新冠病毒感染人體的工具是棘蛋白，它就像是一把鑰匙，要用來打開人體細胞表面蛋白質的「鎖孔」，這個「鎖孔」就叫做「細胞受體」。

知識+

（設計、繪圖／鄭涵文）

西班牙、立陶宛、法國、義大利也有，甚至丹麥更曾宣布全面撲殺水貂。

動物會傳染病毒給人類嗎？

　　雖然動物可能會感染病毒，但再傳染給人類的機率卻不太相同。如果動物對病毒的感受性高，意思是病毒在動物體內很活躍，並開始大量複製，但也要複製到足夠的病毒數量後，才有可能再散播出去。例如研究發現，水貂對新冠病毒的感受性很高，因此病毒有高機率會透過水貂再傳染給人類。

　　陪伴在我們身邊的寵物狗、貓會感染新冠病毒嗎？如果不幸感染，會傳給人類嗎？

　　雖然有研究指出，狗貓體內也都有細胞受體ACE2，尤其是在牠們的腎臟、心臟、肝臟。而且，貓、狗的細胞受體ACE2跟人類最像，

確實也有可能感染新冠病毒。

　　不過，狗狗和貓咪對新冠病毒雖然有感受性，實驗卻發現，病毒沒辦法在牠們體內大量複製，所以再傳染給人類的機率是非常低的。

動物疫苗和人的疫苗一樣嗎？

　　動物打的疫苗沒有比人類少，而且動物接種冠狀病毒疫苗的經驗比人類還多。動物的COVID-19疫苗與人類的原理相似，但施打方式不同，所以藥廠有研發動物專用的疫苗，而不是直接把人的疫苗打在動物身上。

　　美國動物疫苗大廠碩騰（Zoetis）就已經研發出動物COVID-19疫苗，還捐給多所動物園使用。此外，歐洲、加拿大等國都有讓動物園的動物接種COVID-19疫苗，而俄羅斯則是全球第一個為家裡寵物施打

COVID-19疫苗的國家。

　　台灣雖然沒有讓動物或寵物打COVID-19疫苗，但因為世界上其他國家的寵物狗貓感染個案，症狀都非常輕微，所以不用太擔心。最重要的是，養了寵物就不能任意棄養，否則牠們反而容易因為接觸COVID-19的病患或其他流浪動物，而生病或傳播病毒。

　　其實，相較COVID-19，寵物還有更多更嚴重的疾病需要被注意。寵物跟我們人類一樣非常脆弱，很容易生病。最重要的就是應該保護寵物、關心牠們的身體狀況，如果發現寵物出現感冒症狀，立刻帶牠們去看獸醫，讓獸醫好好治療，幫助牠們早點恢復健康。🐾

更多線上精彩內容，
請掃描 QR Code

健康申報 人人有責

防控疫情·人人有責
扫一扫,完成健康登记

防疫另類戰場──反封控白紙革命
以及那些中國人民沒寫出來的抗爭

一張白紙,掀開人民信任危機
中國的防疫手段反應了什麼樣的政治體制和思維?
這場革命是否真的對中國造成了影響和改變?

文字／陳麗婷

　　COVID-19新冠肺炎爆發3年,在中國爆出了另一場「疫情」。新冠疫情是由中國武漢開始爆發,但中國為展現強大的防疫能力,一直採取強力「封控」策略(意思是從社區、大樓開始進行全面管制),即便已有疫苗可以預防,且全世界都已陸續解封,中國仍堅持「清零」,終於讓民怨不斷升高。

　　2022年11月一場新疆烏魯木齊大火後,民眾對疫情生活受限的不滿,演變成了社會抗爭運動「白紙革命」。民眾在中國各地,揭竿

而起舉出白紙無聲抗議,甚至出現罕見的「習近平下台!共產黨下台!」聲音。

隨後不久,2022年12月27日凌晨,中國正式宣布於2023年1月8日起全面解封。這場白紙革命,是中國自1989年「六四天安門事件」後首次出現的公民行動,也是有助觀察中國社會變化的重要事件。

高壓封控反彈,引發白紙革命

長期研究中國問題與「災難社會學」的中研院社會學研究所研究員林宗弘指出,白紙革命的出現,凸顯了中國民眾無法忍受長期的高壓封控對生活與經濟造成的種種限制,甚至將矛頭指向中國國家主席習近平,因此中國的封控政策才會「出現180度的掉頭」。

林宗弘解釋,中國善用兩面手法:一方面藉由解封平息民怨,另一方面則積極逮捕許多參與白紙革命的大學生與民眾,顯見「維穩」一直是中國最重要的考量。

網格化維穩,加強版社會監控

新冠疫情是中國建國以來最大公衛危機。中研院政治學研究所研究員蔡文軒表示,中國一開始想到的就是「封封封」,這也與他們過去採行的社會管理與監控體制有一定相關性。這樣的思維也與方艙醫院的管控概念相同,亦即只要染疫就將人關起來,就像威權主義下,將思想犯或政治犯集中管理,也都是為了「維穩」。

「當動態清零已經危害到社會穩定的時候,
乾脆放開不管了。」
中研院社會研究所研究員林宗弘
點出中國防疫政策真正核心。

（設計、繪圖／鄭涵文）

新聞充電器

中國一年花超過新台幣
6兆元
執行「維穩」工作

「維穩」是指維護國家局勢和社會的整體穩定,也就是全方位維持統治秩序,管控各種可能改變當局施政或社會的活動。這是中國官方的工作重心之一,例如密切監控社會中發生的「群體事件」（抗議行動）,或針對上訪戶（具有抗爭潛力的陳情民眾）,進行每天3班監控。

監控需花費龐大的人力和警政監控設備等,2020年中國花在維穩的經費高達2,100億美元（約新台幣6.4兆元）,甚至比國防支出還高出7%。為了減少龐大經費支出,中國逐漸發展網路等科技監控方式,目的仍是為了強化維穩體系。

（繪圖／丸同連合）

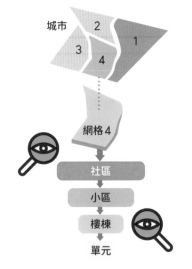

（繪圖／丸同連合）

新聞充電器 ✚ 中國如何進行「網格化」管理？

中國監控社會的模式，分為實體與網路兩套。

實體監控可從2004年胡錦濤擔任中國國家主席時期開始的「網格化管理」為代表，亦即將某一區域劃分成「社區、小區、樓棟、單元」，分為4等級網格，實行層級管理。例如率先試行的北京東城區，將現有的街道和社區劃分成1千多個小網格，由300多名城市管理監督員進行全時段監控，處理社區糾紛、投訴等。

「網格員」可由退休黨員等擔任，美其名是協助民眾申訴，卻也被外界認為是相當細微的社區網絡監控，例如他們會在「二十大」召開期間掌控有沒有人申訴，避免失序，發現異樣也要立即上報。

疫情爆發後，要達到清零目標，防疫措施必須落實在地方每個人身上，因此，現有的網格化管理被認為是最好的方式。

「剛開始的封城圍堵，中國算是成功的，」台大醫學院臨床醫學研究所教授王弘毅認為，中國起初確實有效控制疫情的擴散，從每天幾萬人感染降到幾乎歸零；相較之下，西方國家即使封城也成效有限，原因之一，是「共產國家有很多手段能運用，歐美當然沒辦法。」

哪些手段是歐美不能採用，只有中國能做到的呢？那便是把過去嚴密的社會監控方式，沿用到疫情的封控管理。

中國的社會監控，從早期北京的「朝陽群眾」（或稱西城大媽）就可看出脈絡。朝陽大媽曾多次協助北京警方，破獲明星吸毒、藏毒、賣淫，在防疫期間也起了作用，例如負責舉發不遵守防疫規定的民眾。

疫情期間，中國特有的「網格化」細密控管體系，更在封城、封控期間發揮作用，大批網格員的任務從「維穩」變成「清零」，在小區（社區）門口把關、測體溫、送物資。

這場封控又被視為是「假封控、真維穩」，成了社會監控的加強版。

實體加科技控制，監控鋪天蓋地

習近平出任中國國家主席後，不僅將實體監控往下扎根，也開始了網路監控，實驗所謂的「社會信用體系」，將各種網路工具與金融工具結合，進行信用評等。

「社會信用體系」簡單來說是將實體控制變成科技控制，以減少警政、交通、行政等人力成本，並且收到更好的威嚇效果。林宗弘舉例，在民主國家，信用評等是用於借貸管理，但中國將其擴張到各層面，小至交通違規、亂丟垃圾也要信用評分，一旦被扣點，將影響能否購買高鐵票、小孩能否申請學校，且每個地方各有不同的實驗方式。

2014年，中國政府中央成立「網路信息辦公室」，要求電商公司阿里巴巴、網路公司騰訊和各家電信公司等等，都需上交所有網路訊息，比如民眾搭乘的交通工具、購物的電子支付明細、網路社群的各種貼文等等，全都納管，監控方式等同是鋪天蓋地。

到了疫情期間，各地發展出不同的隨身「健康碼」、「行動碼」，只要一掃碼，每個民眾的任何行蹤都無所遁形。甚至白紙革命發生時，民眾會擔心很快就被發現曾參與活動，而不敢參與。因此，科技監控也具有維穩的作用。

人沒飯吃，寵物被打死，悲劇累積民怨

封城期間，很多在家隔離的民眾挨餓，醫療資源不足無法就醫，甚至隔離者的寵物也被打死。事件陸續傳開，醞釀了中國網民的憤怒。

2020年1月武漢封城消息一出，有很多周邊小城鎮的民眾想要進入武漢求醫，然而，不管他們的核酸檢測是陰性或陽性，管理的人一律不讓他們進入。當時曾傳聞：「有一個小鎮，大約100公尺的道路上，就有7、8個人死亡，人就倒在路邊。」

2022年9月18日，一輛從貴州貴陽出發的遊覽車，凌晨2時40分在高速公路翻覆，車上45名貴陽居民有27人罹難，後經證實這是一輛抗疫轉運車，上頭載著「涉疫」的居民，要被載往集中隔離。

河南鄭州的電子代工大廠富士康廠區，從2022年10月傳出染疫工人被封禁在宿舍，感染者沒有受到妥善治療，大量工人寧願出逃，徒步返鄉。

強烈對比，中國之外的世界如此不同

封控造成的悲劇在中國不斷發生，外面的世界卻完全不同。

在中國共產黨「二十大」召開前3天，2022年10月13日，一名抗議者在北京海淀區四通橋上拉出巨幅標語，以白底紅字寫著「不要核酸要吃飯、不要封控要自由、不要謊言要尊嚴」、「不要文革要改革、不要領袖要選票、不做奴才做公民」、「罷課罷工罷免獨裁國賊習近平」。

美國《紐約時報》報導指出，若人民對清零策略的共同不滿，最終演變為野火燎原般的示威，那麼就會如同六四天安門事件一樣成為中共的惡夢。《日本經濟新聞》的評論認為，這是習近平自2012年開始執政以來最大危機。

2022年11月卡達世足賽期間，世界盃球迷展現了解封後的世界，沒有口罩、沒有嚴格防疫管控，球迷們歡慶賽事以及支持隊伍勝利的畫面，與中國嚴格封控下的悲劇形成強烈對

左：2022年11月26日週六晚間，上海市民於街頭悼念新疆烏魯木齊火災裡因封控無法及時救援的受難者。（圖片來源／網路截圖）
右：中國民眾聚集在烏魯木齊中路悼念火災遇難者，隨後演變為抗議集會，在封鎖線前與警方對峙。（圖片來源／網路截圖）

新聞充電器 ✚ 習近平打破體制，三度連任中共中央總書記

中國共產黨全國代表大會是中國最高領導機關，負責確定下屆黨的最高領導陣容、新接班制度，以及政策方針。從1982年起，全國代表大會每5年召開一次。

中共第二十次全國代表大會，於2022年10月16日召開，簡稱「二十大」，被認為是影響最深遠的一次大會，習近平也在當時第三度被選為中國最高領袖中央委員會總書記。

中國多年來一直實施「連任不超過兩屆」的最高領導層接班制度，不過，2018年中國全國人民代表大會通過《憲法修正案》，刪除了國家正、副主席連任不得超過兩屆的規定，被認為是為了讓習近平連任第三屆黨總書記鋪路。

習近平不意外地三度連任總書記職位，打破了過去連任不超過兩屆的規矩，也代表終身制可能出現，此舉被認為是「稱帝」的獨裁表現。

（繪圖／丸同連合）

比，使得中國人民的不滿持續累積。

林宗弘分析，中國當局選擇解封，有3大關鍵：一、監控承載量超載；二、連網格員都被封控；三、經濟下滑、失業率上升。他指出，2022年第三季中國的調查，城鎮失業率平均為5.4％，其中16～24歲的失業率更高達17.9％，也就是白紙革命前，約每6名年輕人就有1名失業，年輕人當然會想出來抗議。

這場悼念活動逐漸演變為抗議集會，上海民眾拿著白紙走上街頭。（圖片來源／網路截圖）

白紙革命意義：中國人民對政府的信任危機

白紙革命引發的抗爭火苗雖引發世界關注，但也因中國迅速解封而滅火。有些人認為，這次抗議的本質只是「反封控」，沒有形成像六四天安門事件「民主抗爭」的意識形態，所以，人民吃飽喝足，便可以平息民怨。

但長期在中國境內非政府組織（NGO）和基層工作的行動者左玥分析，這場以「白紙」為象徵的抗議潮，從「反抗封控」的生活怒吼到大膽提出政治性訴求，看似是連貫、跨區域與跨領域的全民性政治抗爭，其實揉合了3股運動：

1. 中國工人階級的抗爭運動
2. 中國城市居民和受教育知識分子／大學生的抗爭運動
3. 海外離散新生代中國人社群的團結運動

左玥觀察，在疫情爆發之前就能明顯發現，中國中產階級或受教育群體已日漸對財富的積累和階級向上流動的可能性感到絕望。網路流行討論從「社畜」、「內捲」、「躺平」、「潤」學，甚至到「最後一代」，這些每年新發明的

文化詞彙真切地反應了中國新一代年輕人對於未來的遞進絕望感。

這些生活上的「失落」，過去並未真正轉化為現實中的「反抗」，直到這次在眾多城市蔓延開來的白紙革命，才開始展現革命性的政治質變。

蔡文軒也認為，「這一次已經讓中國人民嚐到『甜頭』。」中國人民發現，抗爭後很多地方陸續解封，代表「人民抗爭真的勝利了」。以後，人民也會想，是不是可以用更多抗爭來

爭取更多利益？人民也會思考，「習近平之前說的神話，是否有問題？」如果連清零政策都有問題的話，習近平說的「全面脫貧」，人民還能相信嗎？

當危機演變為廣大人民的「信任」問題，未來會引起什麼連帶效應值得觀察。蔡文軒說：「這會比現在的抗爭，更具有殺傷力。」

更多線上精彩內容，請掃描 QR Code

同學
怎麼看

抗爭的人真的很勇敢

看到許多年輕人抗爭，高喊不要核酸、要自由、爭取解封，更進一步爭取民主自由、反共產黨，我覺得那些上街抗爭的人真的很勇敢，就算這樣可能會被逮捕，還是為了全中國的自由而努力發聲，真的好偉大！

我相信決心已深植心中

其實我很好奇，中國大學生竟然敢對抗共產黨的政權？因為在我的印象中共產黨的作風一向都很霸道！也因為中國對於反抗勢力都是用非常粗暴的方式去鎮壓，使得這場革命最終還是被平息了！但我相信，向中共爭取權利的決心已深植在每一位學生的心中。

桃園市
詹皇奕同學

應給他們抗議請願的方案

在台灣，人民有不滿的地方可以抗議，但是在中國，人民可能會被打壓，因此他們才有白紙革命，表達他們的意見，中國政府應該給予人民言論自由，給他們一個能夠請願的方案，解決他們的問題。

新北市
劉子禔同學

台東縣
蔡禾鈞同學

6個新聞關鍵字
了解白紙革命的蝴蝶效應

2022年11月，中國新疆烏魯木齊一起火災，對遇難者的悼念活動，一張張白紙串聯，
對中國高壓體制發出無言抗議，最終演變為中國罕見的民主抗爭。
從6大關鍵字，了解這場如同「蝴蝶效應」的革命，如何引爆連鎖反應。

諮詢專家／林宗弘（中研院社會學研究所研究員）
　　　　　蔡文軒（中研院政治學研究所研究員）
文字、設計、繪圖／鄭涵文

關鍵字 1　#烏魯木齊大火

　　白紙革命的一系列抗爭，源自於對一場火災遇難者的悼念。

　　2022年11月24日的傍晚，位於新疆維吾爾自治區首府烏魯木齊的一座社區「吉祥苑小區」有高樓失火，但因中國當時的防疫和封鎖措施，讓居民難以逃生，消防車也無法第一時間到場救援，釀成至少10人死亡、9人重傷的憾事。

　　這場大火除了奪去人命，也點燃了疫情爆發以來被嚴格封住的中國人民怒火。原本的悼念活動演變成一場場抗議，上海、北京、廣州、杭州、武漢、成都、南京等地，以及各大學校，都接連有群眾發起抗議，批評政府針對疫情所採取的「清零政策」，並且要求「解封」。

關鍵字
2
#清零

自2020年新冠疫情爆發後，全球各地的防疫做法多數隨著疫情變化以及疫苗施打狀況，而不斷調整。但中國在疫情期間，始終堅持「動態清零」政策。

動態清零的意思是：只要遇到疫情，就要儘速找出傳染源、切斷傳播鏈，且盡力避免讓感染者發展成重症，達到感染者「清零」的目標。簡單來說，就是頻繁替民眾驗病毒，只要遇到任何感染者，就立刻封鎖他本人和周邊的接觸者，以最高規格阻斷傳染機會。

中國最高領導人、中共中央總書記習近平曾公開表示，認為清零政策「最大限度保護了人民生命安全和身體健康」。

而這種極度嚴格的抗疫方法，和全球大部分國家傾向「與病毒共存」、逐步解封的模式，形成鮮明對比。長期地「封阻」病毒，也同時封住了人民的生計、經濟活動，生活苦不堪言。這些彈性不足的「清零」措施，埋下了烏魯木齊大火悲劇，人民的積怨被烏魯木齊大火引爆，演變成一系列的「反封控」抗爭。

關鍵字
3
#封控

在「清零」政策實行時期，為了阻斷傳播鏈，中國先是封城、封省。2020年1月23日，中國湖北武漢是全世界第一個封城的城市，全城被封了76天，交通全面停擺，人民都得待在家，幾乎無法採購物資。後來很多大城市也陸續封城。

之後以城市為單位的封城，發展成以社區、大樓為單位的「封控」，執行更精細的分級封鎖措施，民眾就算是日常活動的進出、搭乘大眾交通，都要提供核酸檢測的證明才能通行。

關鍵字
4
#世足

民眾得不斷做核酸檢測,才能證明自己的「清白」,取得移動的可能。在這樣的情況下,人民的活動受到限制、常常無法跨區上班,三不五時就遭到隔離,想就醫也很困難。

許多人因而失業,很多國外公司的投資也陸續撤出中國。人民有「還沒生病,生活就先過不下去了」的無力感,對封控的反彈,成為白紙革命抗爭的核心,抗爭的人們高喊「不要核酸要自由」、「不自由毋寧死」,甚至首度出現「習近平下台!」的聲音。

中國民眾生活受到高度限制的同時,遇上全世界數億人民觀看的世界盃足球賽開打,對比其他已解封國家不戴口罩、相聚看大型比賽轉播的模樣,更凸顯了中國「封控」的不自由。

中國持續嚴格防疫期間,2022世界盃足球賽也正式開踢。足球一直是中國最受歡迎的運動,隔著螢幕,被隔離、封鎖的中國球迷看見的,是不戴口罩、不需掃碼(讓政府追蹤行蹤)、大型群聚的平行時空。

全世界都在陸續「解封」、試著與病毒共存之際,中國人卻因為害怕自己被「彈窗」(指被追蹤到和染疫者有接觸而需要通報與隔離),連去酒吧看球都是奢望。

世足比賽現場的觀眾席,和中國人民的日常生活形成了強烈對比。有人說世足戳破了清零這個天大的謊,也有人戲謔地聲稱是世足造假,因為怎麼可能大家一起看球,卻不掃碼,也不戴口罩呢?

辛苦的被封生活,再對照國外的解封場景,被壓抑的不滿以及對正常生活的渴望,就化成一場場抗議了。

關鍵字 5　#白紙革命

　　烏魯木齊大火之後，再加上世足開踢後呈現的「平行世界」，舉起白紙抗議、要求解封的行動在2022年11月26日的悼念活動之後遍地開花，形成了所謂的「白紙革命」。

　　這波行動是中國繼1989年六四天安門事件後，最大規模的民主抗爭。許多抗爭者遭到逮捕，民眾若搭大眾運輸會被盤查手機，甚至被警察找上門，威脅他們不要再參與集會。警察更拆了上海抗議地「烏魯木齊中路」的路牌，不讓人民聚集。

　　不過最後抗議行動未能擴大，沒有真正演變成六四一般的大規模學潮或抗爭。在白紙革命一個月後，中國防疫政策突如其來大轉彎：從全球最嚴格的控制，轉成突然大解放的「躺平」模式。

關鍵字 6　#躺平

　　白紙革命之後約1個月，原本堅持跟世界走不同路、堅持「清零」的中國，突然政策大鬆綁，從全球最嚴格直接變成「原地躺平」、全面解封。

　　中國政府2022年12月初新公布的「防疫十條」規定：輕症者可居家隔離、大型場所也將重新開啟；更於2023年1月8日正式開放邊境。

　　從「大封」到「大開」，中國這波突來的政策大轉彎，反而讓其他國家緊張了起來。因為過去封太嚴，全球都不知道中國內部疫情的真實樣貌，不論是確診者人數，或病毒株如何演化，至今都是團謎。各國皆擔心中國開放邊境，又讓再次演化的新病毒株流竄到其他國家。

　　因此，美國、日本、韓國、義大利及台灣，都在中國開放邊境後，第一時間宣布針對由中國入境的旅客進行全面篩檢，因為擔心中國境內病毒大量感染，可能促使病毒變異，生出更具威脅性的病毒株。

　　但全世界持續關注的是，這場革命是否在中國社會埋下了火苗，甚至造成引發其他民主抗爭的效應？◢

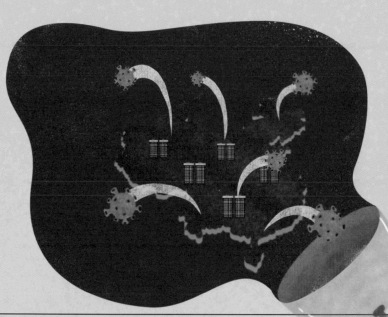

更多線上精彩內容，
請掃描 QR Code

阿提米絲的願望
21世紀國際登月大競賽

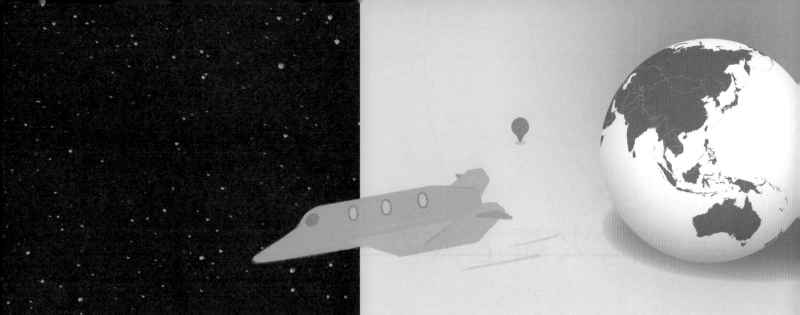

台灣時間2022年11月16日
美國「阿提米絲計畫」（Artemis program）
太空船向太空發射
這是相隔50年來人類的第二次登陸月球計畫
再啟地球人激烈的國際太空競爭
隨著阿提米絲升空的，還有人類的重要願望：
太空秩序、性平意義，
以及探索太空的夢想與野心

同時間台灣進入了「太空元年」
有執著的科學家
也正在實踐屬於MIT的「太空夢」

文字／王琳茱、王立柔、張鎮宏、李雪莉、陳麗婷、陳潔、陳韻如
設計、繪圖／黃禹禎、鄭涵文、一百隻熊
攝影／林彥廷

我敢夢，讓台灣火箭上太空

文字／李雪莉、陳麗婷

當美國「阿提米絲計畫」再啟國際太空競爭，台灣也有一群科學家努力實現台灣的火箭計畫。

2022年7月10日，台灣自製的全球第一枚可導控混合式火箭，劃開屏東旭海天際，橘紅色火箭抵達約3公里高空，最終降落太平洋。

台灣火箭計畫的靈魂人物之一，是曾在TEDxTaipei上以台語演講「中年阿伯的太空夢」的火箭人、國家太空中心主任吳宗信。

「我就是要做出 Made in Taiwan 的台灣火箭。」吳宗信的太空夢，是受到一股強烈的台灣意識驅動。

1964年出生的吳宗信，上小學時還曾經經歷過學生在各級學校裡說方言會遭到懲處。考上台大機械系後，也曾見證因政治黑名單滯留海外的許信良、謝聰敏等人搭機闖關回台。1990年他到美國密西根大學留學，在當地參與台灣學生會、聽演講、大量閱讀禁書後，台灣意識萌芽。

也是在那時，他認識了目前任教成功大學工程科學系副教授何明字、台北科技大學電子工程系教授林信標等人。多年後，這群朋友在台灣重聚，想為台灣做些事，而結合他們的所學，正好能造出一枚火箭。

沒做火箭，就是玩假的

1991年，台灣成立國家太空中心，但直到2004年政府才決定做發射載具。專家認為，「以航太來講，若沒有做火箭，就是玩假的。」火箭結合了10幾種專業領域，如推進、燃燒、導控、機械動力、電機電池、傳輸技術，而發展火箭最大的意義，是它能成

國家太空中心主任吳宗信是台灣火箭計畫的靈魂。（攝影／林彥廷）

為火車頭產業，提升各領域的技術。

發射火箭才是太空實力的重點，而太空發展要整合很多困難的產業技術與學問。吳宗信相信，火箭實驗也許會失敗，但也能從失敗中，獲得重要的經驗。

火箭構造十分複雜，不可能一個人懂所有領域，必須有幾位跨2至3項領域的人來協助整合溝通，吳宗信正是這樣的人選。

例如將衛星送入軌道前，需考量火箭的大小尺寸、推力等問題，若尺寸太大，可能做不出來，而推力太小，火箭又會飛不上去。因此，這時就需要吳宗信以其專長與經歷，快速掌握各領域的技術能力及研發可行性，幫助參與人員對火箭規格達成共識。

當時國家啟動了做火箭送衛星入軌的「哈比特計畫」（Hapith Project），吳宗信從2005年加入，沒想到計畫在2008年突然停止，這些科學家的火箭夢幾乎停擺。

但他們並不服輸，轉向教學，希望把過去「鎖在國防工業裡」的技術教給學生，同時弭平學與術的落差。

2008年，吳宗信在交通大學開設「類蔗糖火箭」（sugar rocket）的實作課程，也就是將糖磨成粉結合氧化劑，做成較安全的固態燃料，再以大塑膠管等低成本材料包覆，組裝成小型低空火箭，帶領學生學習火箭相關知能。他邀請北中南等學校的老師加入這門課程，學生自四面八方湧入。

為了更深入發展火箭計畫，2012年他於交通大學創立前瞻火箭研究中心（ARRC），進行火箭科研和飛行測試。

吳宗信堅信，「台灣不能持續做代工，要創造系統，也許火箭產業有一天能讓台灣定義自己的東西。」

幾位科學家到處尋找商援，發現從引擎、感測器、隔熱等，台灣產業都有相應的技術。

全世界的衛星大戰已經開打，衛星用途廣大。太空探索技術公司（SpaceX）創辦人馬斯克（Elon Musk）、跨國網路購物平台亞馬遜（Amazon）創辦人貝佐斯（Jeffrey Bezos）也都投注火箭計畫，而維珍銀河公司（Virgin Galactic）已展開太空飛行。

要做火箭，台灣玩得起嗎？

太空這條路潛力無窮，但是，台灣玩得起？有資源發展嗎？

「台灣人習慣先想困難，但我的想法是，怎麼成功？」吳宗信的太空策略是，做出比國際市場便宜一些的火箭，「維珍用飛機載衛星上去要3億台幣，美國用火箭載要2億台幣，我們如果能壓在1億元以下，是很有機會的。」

2021年8月，吳宗信接下國家太空中心主任一職，他認為台灣的半導體工業擁有豐富資源，只是欠缺整合，希望替台灣打造優質太空科技環境，也深信台灣一定能做出MIT火箭。

2022年是台灣「太空元年」，7月、11月在屏東旭海發射場順利發射火箭，成功完成關鍵技術測試，在火箭設計、技術與製造上有了重大突破。終於，台灣前瞻火箭研究中心的HTTP-3A火箭飛試成功，抵達約3公里高空。

這次計畫雖未達目標高度，但對於致力製造火箭10多年的吳宗信來說，最大的感動與成就，是替台灣製造屬於自己的火箭，也是替台灣完成一件地球上少數國家可以完成的困難挑戰，更標誌著，台灣距離用本土火箭送衛星上太空的目標，又更靠近一步。📢

更多線上精彩內容，
請掃描QR Code

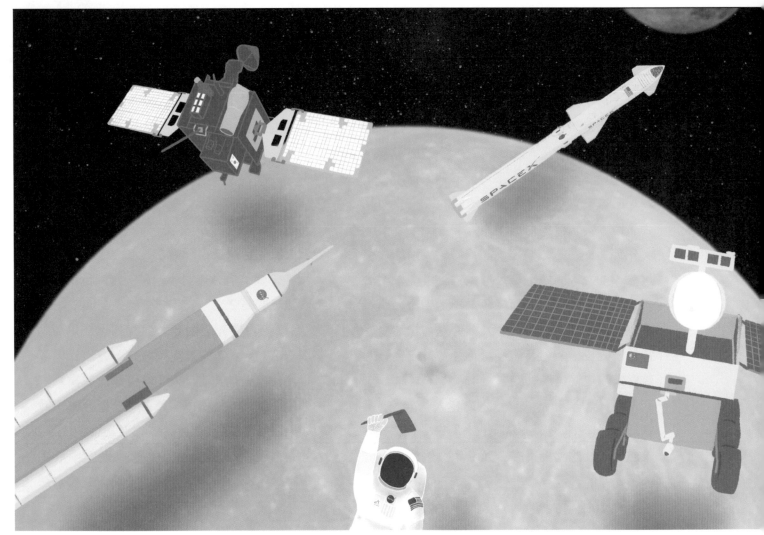

（設計、繪圖／黃禹禎、鄭涵文）

阿提米絲重啟國際太空戰
50年後人類第二次登月競賽

美國「阿提米絲計畫」太空船升空
為何 NASA 選擇在這個時機點重回月球？
亞洲國家如何捲入新的戰局？
任務完成後對人類未來又會帶來什麼影響？

文字／王琳茱、王立柔、陳潔

台灣時間2022年11月16日，美國一枚巨大火箭搭載獵戶座太空船（Orion）向太空發射，這項名為「阿提米絲計畫」的太空計畫預計分4年進行1、2、3號任務，最終目標在展開人類「第二次」登月行動。

在阿提米絲之前，人類史上第一次登陸月球，同樣是由美國人完成。當年執行任務的是「阿波羅計畫」（Apollo program），從1969年阿波羅11號首次登月，到1972年阿波羅17號，前後總計送了12位太空人踏上月球，之後的50年，人類再也沒有登陸過月球。

50年後：美國為什麼重啟登月計畫？

相隔半世紀後，美國國家航空暨太空總署（NASA）再次挑戰探月任務阿提米絲計畫，於2022年12月12日完成1號任務，獵戶座太空船安全返回地球，達成無人試航測試。

阿提米絲1號（Artemis I）的獵戶座太空船脫離太空發射系統（SLS）運載火箭之後，環繞月球飛行，進行各種觀測與測試。在約25天10小時53分鐘、230萬公里旅程的任務中，獵戶座太空船兩度與月球表面距離不到130公里，和地球的最遠距離達43萬公里。

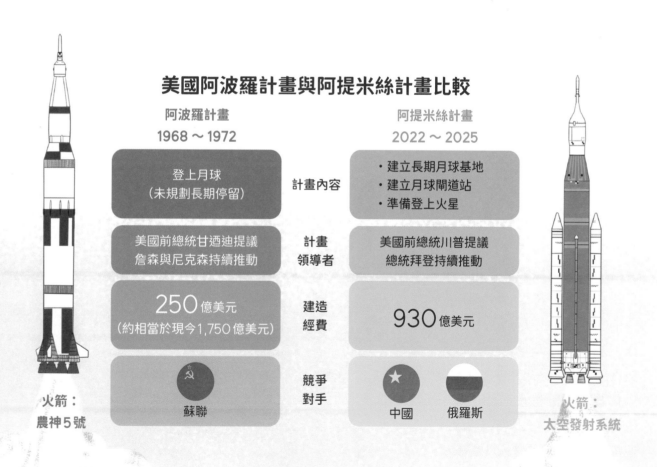

美國阿波羅計畫與阿提米絲計畫比較

阿波羅計畫 1968～1972		阿提米絲計畫 2022～2025
登上月球（未規劃長期停留）	計畫內容	・建立長期月球基地 ・建立月球閘道站 ・準備登上火星
美國前總統甘迺迪提議 詹森與尼克森持續推動	計畫領導者	美國前總統川普提議 總統拜登持續推動
250億美元（約相當於現今1,750億美元）	建造經費	930億美元
蘇聯	競爭對手	中國　俄羅斯

火箭：
農神5號

火箭：
太空發射系統

（資料整理／王琳芙；繪圖／鄭涵文）

12月12日清晨，獵戶座太空船成功返回地球，墜落在美國加州西方的太平洋上。

但這只是阿提米絲計畫的第一步，阿提米絲計畫共分3階段：

1. 阿提米絲1號：

2022年11月16日～12月12日執行，主要任務為透過無人試航，測試全新航太技術以及觀測月球表面。

2. 阿提米絲2號：

預計最快2024年5月執行，任務為載人繞行月球。

3. 阿提米絲3號：

預計2025年執行，完成第一位女性與第一位有色族裔登月創舉。

美蘇太空戰：
美歐聯防嚇阻中俄威脅

半世紀前，美國與蘇聯爭奪「第一個登陸月球的國家」頭銜，但在21世紀的新太空探索計畫中，美國不再單打獨鬥，積極尋求更多國際夥伴的合作，並且為未來人類的太空探索規劃長期基地，以此對抗中國與俄羅斯近年急起直追的太空計畫。

阿提米絲計畫預估總花費為930億美元（約新台幣2兆9千億元），這個數字未來很可能會繼續增加。

可以說，1969年的阿波羅計畫是受到蘇聯率先發射人造衛星的「史普

冷戰時期美蘇太空競賽

1957
10/4

蘇聯搶先
冷戰時期蘇聯搶先美國成功發射第一顆進入地球軌道人造衛星史普尼克1號（Sputnik 1）

1958
2/1

美國跟進
- 美國發射人造衛星探險者1號（Explorer I）
- 1958年7月時任美國總統艾森豪（Dwight Eisenhower）宣布成立NASA全力投入太空競賽

1961
4/12

蘇聯率先上太空
蘇聯太空人尤利·加加林（Yuri Gagarin）成為第一位進入太空的人，蘇聯在太空競賽中再度領先美國

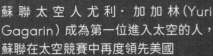
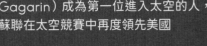

1958
－
1966

美國追趕人類太空飛行
美國1958～1963年發動「水星計畫」（Project Mercury），建構單人飛行能力。1961～1966年的「雙子星計畫」（Project Gemini），建構雙人飛行及軌道會合能力

1966
－
1969

蘇聯登月火箭研發失利
1966年1月蘇聯火箭設計領導者謝爾蓋·帕夫洛維奇·科羅廖夫（Sergei Pavlovich Korolev）病逝。預計登月用的N1火箭研發失利，於1969年2月及7月無人試飛發射時爆炸

1961
－
1967

美國宣布登月計畫、太空人死亡
1961年5月美國總統甘迺迪發表《我們選擇登月》演說，向美國大眾宣布進行阿波羅計畫，以人類登月為目標。1967年阿波羅1號發生嚴重意外，3名太空人死亡

1969
7/20

美國搶先登陸月球
美國阿波羅11號成功帶領3位太空人登陸月球，完成人類登月壯舉，在太空競賽中扳回一城

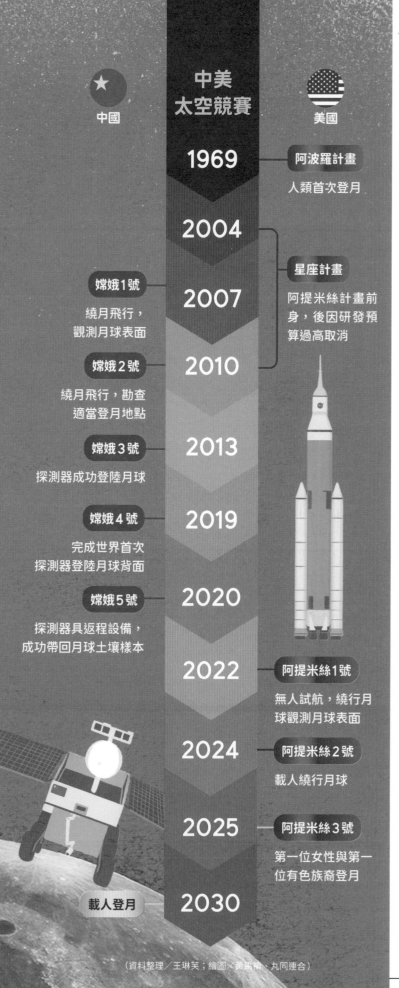

中國

中美
太空競賽

美國

1969　阿波羅計畫
人類首次登月

2004

星座計畫
阿提米絲計畫前
身，後因研發預
算過高取消

嫦娥1號
繞月飛行，
觀測月球表面
2007

嫦娥2號
繞月飛行，勘查
適當登月地點
2010

嫦娥3號
探測器成功登陸月球
2013

嫦娥4號
完成世界首次
探測器登陸月球背面
2019

嫦娥5號
探測器具返程設備，
成功帶回月球土壤樣本
2020

2022　阿提米絲1號
無人試航，繞行月
球觀測月球表面

2024　阿提米絲2號
載人繞行月球

2025　阿提米絲3號
第一位女性與第一
位有色族裔登月

載人登月　**2030**

（資料整理／王琳芙；繪圖╳黃馭禛、丸同連合）

尼克危機」而展開，而這次的阿提米
絲計畫則是受到中國近年突飛猛進的
太空計畫刺激而加速進行。

　　阿提米絲計畫雖是由NASA主
導，卻是一項國際合作的太空探索
計畫，截至2022年11月初，已有21
國簽署《阿提米絲協議》（Artemis
Accords）。

　　如此廣泛的國際合作，與阿波羅
計畫時期單純的美、蘇兩國太空競賽
有所不同。這被認為是因為中國與俄
羅斯在太空的潛在威脅日益增強，歐
洲與美國將聯防範圍由地球拉上太
空，希望制定太空國際規範與原則，
確保各國太空活動的安全及利益。

美中太空戰：嫦娥任務掀起新競賽

　　20世紀，美蘇冷戰期間，上演過
激烈的太空競賽。1991年蘇聯解體
後，美國穩居太空龍頭地位，近年來
逐漸受到中國挑戰。2007年中國月
球探測器「嫦娥1號」發射升空後，
亞洲各國也紛紛跟進，掀起21世紀
新一波的太空競賽。

　　從1990年代起，中國太空專家便
著手規劃月球探測計畫，並於2004
年正式啟動「嫦娥工程」，預計循序
漸進完成3階段目標：無人月球探
測、載人登月、建立月球基地。

　　事實上，21世紀以來的探測器登
月行動，全都出自中國的嫦娥工程。
2007年10月24日，嫦娥1號發射

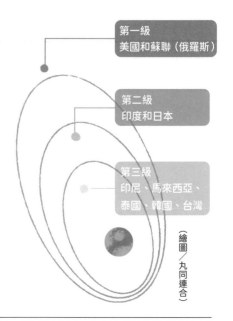

新聞充電器 ✚ 太空活躍國家分3等級

第一級
美國和蘇聯（俄羅斯）

第二級
印度和日本

第三級
印尼、馬來西亞、泰國、韓國、台灣

（繪圖／丸同連合）

第一級是最早以戰略為目的發展軍備競賽，也就是最有資源、最先進的美國和蘇聯（俄羅斯），它們致力探索宇宙邊界、脫離太陽系、尋找宇宙非人類生物等。

第二級是能發射高重量人造衛星、從事科學研究的印度和日本。

第三級則是以達成通訊聯繫、衛星廣播、衛星遙測等實用目的的印尼、馬來西亞、泰國、韓國、台灣等國。

各國受技術限制，發展太空活動目的不同，亦會相互合作。例如若日本、

泰國若沒有能力培養太空人、執行科學研究，就會委託美、俄技術協助。

無論活躍度屬於第幾級，各國皆認同並遵守「國際太空法原則」，並在自己的國家制定法規以對應其所從事的太空活動需求。

中國雖然是太空公約的締約國，卻不願將太空研究透明化，也不參與國際協作，且其所制定的太空法律也不嚴謹，仍屬太空法治的「化外之地」。這讓世界各國都擔心，中國恐會逃避履行太空公約制定的相關義務。

升空；2013年12月14日，嫦娥3號「軟登陸」月球表面，中國繼美國和蘇聯在1960～1970年代的登月行動之後，成為全世界第三個成功以探測器登陸月球表面的國家。

隨後，嫦娥4號和嫦娥5號分別完成了首次登陸「月球背面」、接收到地球電磁波，以及成功帶回月球土壤樣本的任務。

雖然中國直到2023年仍未邁入「載人登月」階段，預計最快於2030年達成目標，但其在「無人月球探測」階段取得亮眼成績，引起美國和亞洲各國的關注、警戒與跟進。

亞洲國家：與美合作探索新資源

中國的太空發展促使美國加速重返月球計畫，讓太空成為中美角力的新關鍵領域，美國更是積極尋求與亞洲國家合作。2019年，以色列民間組織SpaceIL、印度，也都各自派出月球探測器，但都在登陸前功虧一簣。2022年8月，由韓國主導開發、與美國NASA合作的第一顆繞月飛行器Danuri升空。

日本宇宙航空研究開發機構（JAXA）也

發展月球探測器OMOTENASHI，於2022年11月16日與阿提米絲1號共同發射。另一間日本民間公司ispace則在12月11日發射HAKUTO-R，進行登月與探測車任務。土耳其也宣布計劃在2023年將太空人送上月球。

整體來說，太空探索也是「綜合國力」的展現，象徵國家擁有強大的科技與財富。中國媒體更是將太空事業的成就描繪成「民族復興」。此外，太空科技也可能運用在軍事上，例如美國有高層國防官員發出警告，認為中國和俄羅斯都在壯大實力，以摧毀為美國情報工作、軍事通訊和預警網路奠下基礎的衛星系統。

從這種「太空武器化」的指控，不難看出太空為何被視為兵家必爭之地，而透過太空探索也可能發現新的資源，背後的潛力非常可觀。

民間加入戰局：開創太空旅行商機

除了國際合作，NASA也在這次的太空計畫中積極與民間企業合作。例如這次登月計畫的關鍵火箭「太空發射系統」，就由美國航太製造大廠洛克希德馬丁公司（Lockheed

Martin）及波音公司（The Boeing Company）所組成的聯合發射聯盟（United Launch Alliance, ULA），以及洛克達因航太公司（Aerojet Rocketdyne）、諾斯洛普・格魯曼公司（Northrup Grumman）進行研發，這座超過30層樓高的巨型火箭系統，比過去阿波羅計畫所使用的農神5號（Saturn V）更強大。

NASA也委託電動車巨頭馬斯克所創辦的SpaceX，打造名為「星艦」的可載人月球著陸系統（Starship Human Landing System）。其他的合作夥伴，也將先在月球上設置實驗器材與探測系統，並且在月球軌道上設置月球閘道站（Lunar Gateway）。

2023年4月21日，SpaceX的星艦試射，升空4分鐘後隨即爆炸。儘管如此，SpaceX團隊還是認為這已經是「巨大成功」，因為他們原本預訂只要星艦順利離開發射塔就算成功。星艦的目標，是希望在2025年配合NASA的登月任務，載運太空人往返月球。

20世紀的阿波羅計畫在許多人心中種下前往太空的夢想，而21世紀的富豪也開始以雄厚的財力完成自己探索太空的夢想。隨著私人企業的投入，人類探月的太空夢在近年也有所突破。

目前最引人矚目的3大私人太空公司，除了馬斯克的SpaceX，還有貝佐斯的藍色起源（Blue Origin）、布蘭森的維珍銀河。

私人企業在技術研發的突破，也為人類

SpaceX 星艦（繪圖／黃禹禎）

的太空探索帶來無限可能，例如SpaceX就開發出可回收火箭，大幅降低火箭使用成本，讓太空旅行不再是夢。

下一站：人與機器人合作進軍火星

除了跨國以及產官合作，阿提米絲計畫也是一項機器人與人類合作的太空計畫。透過機器人協助探勘，科學家將從月球取得水與冰等資源，藉此了解太陽系的歷史，同時為未來的月球基地研發燃料，延長人類停留在月球表面的時間。

由於月球南極永遠處在陰影之中，科學家至今仍對其了解有限，因此NASA期待能夠在這次任務中收集到月亮南極的化學物質，若能成功分析取得的物質，將有助於NASA完成比登月更遠大的目標——讓人類登上火星。

月球與地球的平均距離為384,400公里，航行時間約為3天；火星與地球平均距離則為2.25億公里，航行時間相當於半年。NASA太空人表示，太空探索就像極地探險一樣，一定要先在較低難度且熟悉的環境測試過裝備，才能挑戰高難度且陌生的環境。

對NASA來說，月球是人類登上火星的重要前哨站，必須先在月球測試新技術與設備，才有可能完成人類登上火星的夢想。

更多線上精彩內容，請掃描QR Code

為什麼指定「女性太空人」登月？

NASA阿提米絲計畫預計從2025年開始送女性太空人上月球
為什麼特別強調「女性登月」？
這一次人類探索宇宙的「關鍵實驗」還有什麼重大使命？

文字／張鎮宏

　　阿提米絲計畫希望在2025年，將第一位女性和第一位有色族裔太空人送至月球。為了準備這項歷史性的探險，2020年起，NASA選出了18名菁英太空人，包括了9名女性與9名男性，作為阿提米絲計畫的第一批登月訓練部隊。

　　2023年4月3日NASA公布了這次登月任務名單，其中，保持女性最長單次太空飛行紀錄的太空人科克（Christina Koch），入選明年阿提米絲2號（Artemis II）任務成員，將有機會成為第一位登月的女太空人；科克是一名電氣工程師，她曾創紀錄地在太空中連續度過11個月，並在國際太空站（International Space Station, ISS）參與首次全女性太空漫步。而入選2024年11月駕駛獵戶座太空船繞月飛行的NASA海軍飛行員葛洛佛（Victor Glover），則是第一位參與月球任務的非裔成員。

　　2022年11月16日發射的阿提米絲1號，搭載了2具假人模型「佐哈」（Zohar）與「赫爾加」（Helga），其身上的感應器都是模擬成年女性的骨骼、肌肉與內臟器官，試圖在真人出發之前，蒐集更多關鍵醫療數據。

只有不到12.5％太空人是女性

　　古希臘神話中，「阿提米絲」是月亮守護女神，也是光明之神阿波羅的雙胞胎姊姊，NASA將第二次探月計畫取名「阿提米絲」，預計讓人類重新登上月球，並強調多元的太空人背景。

　　在阿提米絲計畫中，NASA之所以特別關注女性太空人，是因為人類在過去60多年的太空發展史裡，大多都以「男性太空人」為研究代表，卻忽略了太空活動對女性健康影響的研究。長期下來，造成許多太空裝備、任務設定都只為男性而準備。

　　根據NASA的估算，直到2021年11月為止，各國總共送了超過600人上太空，但之中只有75名太空人是女性，在所有的太空任務裡，女性太空人還不到總數的12.5％。

　　以太空人數量最多的美國為例，1962年美國在執行水星計畫，準備用火箭試著把人類送上太空時，參與任務的太空人就全都是白人男性。這是因為早期的太空人培訓，僅限從噴射戰鬥機的頂尖試飛員裡挑選，但當時的美國空軍卻還有性別限制，一直到1993年才出現第

一位女性戰鬥機駕駛。

　　事實上，人類歷史上第一個飛進太空的女性，是蘇聯的太空人泰勒斯可娃（Valentina Tereshkova），她在1963年6月16日獨自駕駛東方6號（Vostok 6）太空船，成功用70小時50分鐘的時間繞行地球48圈。

　　因此，當時許多美國的科學家與女性飛行員，都對NASA重男輕女的歧視偏見感到不滿，於是在民間的私人募款支持下，一批科學家才比照水星計畫對男性太空人的培訓標準，選出了13名同樣出色的女性太空人，希望透過科學的方式，證明「女性也有資格上太空」。

　　儘管這項被稱為「水星13人」（Mercury 13）的女性培訓實驗，在當時引起了很大的討論，但NASA卻直到1983年的挑戰者號太空梭（Space Shuttle Challenger）「STS-7」任務，才終於把美國第一位女性太空人莎莉·萊德（Sally Ride）送上太空。

女性太空人可能更適合長途任務

　　在過去，NASA曾保守地認為，平均來說更為高大強壯的男性，可能比女性更適合太空任務。但隨著醫學與科技的進步，太空科學家慢慢發現，在未來的太空任務中，女性太空人可能更有生存優勢。

　　像是女性消耗的飲食與氧氣比起男性更少，能量轉換更有效率；在太空幽閉的隔絕環境中，女性平均的情緒與精神表現，也較男性穩定。因此，未來女性太空人也許更適合參與長途太空任務，如建設月球基地，或登陸火星。

　　太空人在執行太空任務時大多處於無重力狀態，因此相較於先天肌肉力量的強弱，要如何避免肌肉流失可能更為重要。但由於女性太空人的數量太少、任務數據也不夠多，因此準備重新登月的阿提米絲計畫，也肩負著蒐集更多「女性太空數據」的關鍵使命。

　　譬如說，人類在太空任務中所接受到的日常輻射量，大約是地球上的250～700倍。而過往的研究大多認為，長期暴露在過量輻射下的女性，比男性有更高機率罹患癌症。因此要如何規劃任務時數，或進一步發展新式的太空裝備，都需要有更多女性太空人勇於參與，才能共同帶領人類繼續飛向宇宙、探索浩瀚無垠的未知星海。🔖

女性上太空的優勢

因身型較瘦小，所需火箭燃料較少

在太空消耗的飲食及氧氣較少

較易在局限的太空艙裡操作儀器

情緒較穩定

聽力與視力受損程度小

更多線上精彩內容，請掃描QR Code

資料來源／NASA、歐洲太空總署（European Space Agency）
（資料整理／陳韻如；設計、繪圖／黃禹禎、丸同連合）

台灣開車
到外太空只要1小時？

諮詢專家／張桂祥（國家太空中心前主任）
　　　　　趙吉光（中央大學太空科學與工程學系教授兼系主任）
文字／吳柏瑋、陳韻如

（繪圖／一百隻熊）

　　想像中，宇宙好像離我們很遙遠，但真的如此嗎？其實如果可以開車垂直往天上衝，不到1小時就可以到太空了！搭乘火箭的話，甚至只要幾分鐘。而且現在科技進展快速，未來甚至人人都可以到太空旅遊！

　　目前普遍定義，海拔100公里處的高度是大氣層與太空的交界，這個交界被稱為「卡門線」（Kármán line）。

　　卡門線沒有實體，線內為大氣層，穿越卡門線後，就進入太空。想像一下，如果有天我們可以開車，以時速100公里的速度，從台北往卡門線垂直前進，可能不到1小時就會抵達卡門線、進入太空，這比台北到苗栗的距離還近！更何況火箭的速度遠高於此，搭乘火箭只需要幾分鐘的時間便可到達太空。

　　卡門線是由國際航空聯盟提出，並以物理學家西奧多・馮・卡門（Theodore von Kármán）的名字命名。卡門曾在1963年的研究中指出，在超越海拔100公里之後，由於大氣過於稀薄，普通的飛行器無法產生足夠的升力維持飛行，若要突破，就需借助自身能攜帶燃料產生推力的太空船、火箭等飛行器。從此，人們便以「海拔100公里」作為大氣層與宇宙的界線。

　　依照大氣環境不同，卡門線可能位在距離地表85～100公里之間的地方，而近年來也有物理學家認為80公里就應該是太空邊界，其中NASA也採用這個認定標準。

太空旅行有幾種？

　　致力於研發商用太空船的美國民間企業維珍銀河，2019年初曾首度執行載客測試，該太空船一度飛抵海拔89.9公里的高度，已超越NASA認定的80公里太空邊界。

　　私人企業投入太空領域後，也讓「太空旅行」商機加速進展。如今，就算不是受過專業訓練的太空人，一般人只要付費也可以來一趟太空旅行！

　　然而，根據飛行軌道不同，再加上燃料、火箭、太空艙等造價成本昂貴，想去一趟太空旅行，口袋裡得先有大把鈔票。

　　太空旅遊共分為3種：

1. 次軌道旅遊

技術門檻最低，飛行路線會超越卡門線到宇宙邊緣，在宇宙間停留數分鐘感受「失重狀態」後，即垂直返回地球，整趟旅程大約2小時。目前有2家美國太空商業公司維珍銀河以及藍色起源已著手發展此種太空旅遊方式，維珍銀河的門票要價45萬美元（約新台幣1,392萬元），藍色起源尚未公布價格，但外界預估約為125萬美元（約新台幣3,867萬元）。

2. 軌道旅遊

飛行路線會繞地球做圓周運動，飛行時間能達到數天，可以體驗在太空過夜，因此費用也較高。2021年12月，46歲的日本富豪前澤友作與其36歲的助理平野陽三，兩人花費約100億日圓（約新台幣20億元），透過美國太空探險公司（Space Adventures）搭乘俄羅斯火箭與太空船聯盟號（Soyuz），飛抵離地球約400公里高的國際太空站並停留約12天。

2022年4月，NASA也首次批准由美國商業太空公司「公理太空」（Axiom Space）籌劃的太空商業旅行團，讓3名富翁與1名前NASA太空人搭乘SpaceX的可回收火箭「獵鷹9號」（Falcon 9）以及太空船天龍乘員奮進號（Crew Dragon Endeavour），飛抵國際太空站，每人花費約5,500萬美元（約新台幣17億元）。一行人原先預計停留7天，最後因天氣因素在國際太空站待了17天。他們也在太空執行多項任務，進行科學、醫學等研究實驗。

3. 月球旅遊

飛行路線脫離地球軌道，飛抵月球附近，未來甚至可以登陸月球，技術門檻最高。2018年SpaceX宣布展開月球旅遊計畫，將載人繞月球一圈後返回地球，由前澤友作包下了第一趟班機，招待8名藝術家與他同遊，預計2023年啟程。雖然SpaceX沒有公布這趟旅行的門票費用，但透露開發成本落在20～100億美元之間（約新台幣619～3,093億元），由此推估，前澤友作包機應花費數千萬，甚至上億美元。

未來人人都有能力到太空一遊？

對一般人來說，現在昂貴的太空旅行仍是可望不可及。不過，太空科技發展與時俱進，火箭發射成本可望大幅降低，相對「平價」的太空旅遊時代不久後即可能來臨。

以現今空運運費約每公斤4～8美元（約新台幣124～248元）為例，SpaceX正在研發一款可回收的巨型火箭「星艦」，預計可以讓火箭每公斤運費降至約10美元（約新台幣310元），而且1小時內即能載人或載貨抵達地球任何角落。

專家預估，約3～5年內，SpaceX便能將太空旅遊門票降至1萬美元左右（約新台幣31萬元），安全載人抵達太空邊界觀光，已與往返台灣美國的飛機頭等艙價位差不多。🚀

更多線上精彩內容，
請掃描QR Code

日圓一縮小，
全球經濟跟著動

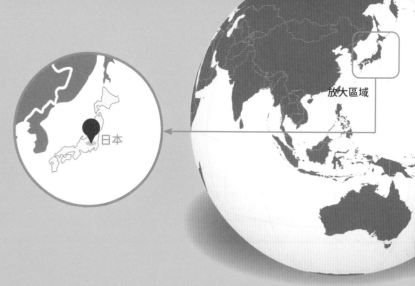

放大區域

日本

日本貨幣一改革，掀起全球經濟戰！
連台灣青年跨海到日本賣珍奶，都深受影響

日圓愈來愈小，背後原因是什麼？
為什麼日本要鼓勵人民借錢？
日本紙鈔上的人物，藏著什麼國家意圖？
從日圓貶值，了解日本經濟和貨幣政策，
及其對各國大眾生活的衝擊與影響！

文字／王立柔、王琳茱、陳麗婷、李世暉、陳韻如
設計、繪圖／黃禹禎
攝影／林彥廷

我在日本賣珍奶的7年

文字／王立柔

我是王立慶，今年35歲，在台灣土生土長。這是我在日創業的第一手經驗與觀察。

我2014年第一次去日本旅遊，去了大阪最熱鬧的心齋橋和難波。當地商圈有各種具有代表性的日本美食，例如拉麵、串燒，還有大阪特有的串炸和章魚燒，但當我吃完東西想買茶飲，卻找不到飲料專賣店，眼前的選項只有便利商店和投幣販賣機。

於是2017年，我在大阪開了珍珠奶茶專賣店，3年連開3店，店就開在心齋橋、梅田等商業區，也見證了其他的珍奶店一間接著一間出現，到了2019年，日本更是達到所謂的「第三次珍奶熱潮」的高峰。

消費稅上漲和疫情雙重打擊

但2019年夏天，大阪的珍奶熱潮開始「退燒」，社會觀感也變差了。原因是，很多人喝珍奶已經變成一種「儀式」，好像逛商圈就是要跟朋友一起排隊買珍奶、拍照打卡，他們很享受整個過程，真正拿到飲料後有沒有喝完反而不是重點，所以新聞上曾出現「珍奶亂象」的報導，説有人買了飲料，拍照上傳Instagram後就整杯丟掉、亂塞進投幣販賣機旁邊的垃圾桶。

我們的業績真正開始大幅下滑，關鍵是2019年10月，日本政府把消費稅從原本的8％提高到10％，造成很大的營運壓力。2020年進入疫情時代，外國觀光客減少，生意當然又是暴跌，從東京到大阪的珍奶店倒閉了一大半。

為了搶救生意，我們嘗試過外送，但幾乎接不到單。由於外送平台要抽成，定價必須調高以維持利潤；但對客人來説，1杯500日圓的珍奶變成750日圓，加上外送費和平台費後大約要付1千日圓，原本都可以買2杯了，誰點得下去？何況外送又喝不到他們最喜歡的「儀式感」。

申請紓困只是為了關店

雖然日本政府推出許多紓困措施，但在2021年4月以前，補助方式是齊頭式平等，例如「1間公司」最多可領200萬日圓紓困金，當時我的公司有3間飲食店，光3間店租就超過200萬日圓，另外還得支付辦公室、倉庫租金，相對於其他沒有租金壓力的單人公司，補助金卻是相同的。

政府在疫情初期也請求銀行從寬放貸，但因為很多店家早就營運不下去了，申請貸款不是

王立慶於日本大阪開立珍珠奶茶店，先後遇上珍奶熱潮退燒、疫情與日圓貶值等狀況，他透過調整公司經營策略，準備好迎接大環境的挑戰。（圖片提供／王立慶）

力，疫情持續2年多，日本的通貨膨脹和日圓貶值也愈來愈嚴重，景氣進入惡性循環。

日本製造的很多產品都依賴進口原料，日圓貶值，連帶牽動國內許多原物料的價格，造成製造業的營運成本上升。

以飲食業而言，製作飲料的鮮奶和糖、大阪燒與章魚燒的麵粉，或炸物類的油料等等，價格都陸續上漲好幾波，所以現在隨便去街上逛一圈，就會看到很多店家貼著公告，解釋他們情不得已必須調漲售價，但漲價還是會衝擊生意，形成惡性循環。

為了維持生意，只是為了支付關店的代價。日本一般位居鬧區的店鋪契約會明訂長達6個月的「解約預告」，所以決定關店以後，至少還要支付房東6個月的租金。

日本法律也規定，若因雇主的關係導致停工，停工期間須給勞工60％的休業津貼。雖然疫情停業不是雇主的責任，但政府認定這筆錢還是要發，2020年6月也頒布雇用補助金，由政府補貼因疫情停工的員工薪資。

即使政府有補助，公司仍需自行負擔休業員工半額的年金與社會保險，但公司根本沒有收入，又要怎麼負擔呢？這就是為什麼當時有些公司寧可解雇員工，也不願申請這筆補助金。

這幾年下來，經歷珍奶熱潮退燒、疫情和日圓貶值，很多人的經濟狀況都不復從前，我們的基礎客群以及客群的消費模式也改變了。過去幾乎都是年輕人，例如情侶、朋友出遊時來買飲料，同時也會拍照、逛街和打卡，現在卻都是消費能力較高的中年人士，包括買飲料給小孩喝的爸爸媽媽。

因此，我們未來會針對新的目標客群，調整產品特色和營運方向，例如考慮以豆類當作原料，開發以健康為特色的產品。

當珍奶不再是「熱潮」，大環境也不斷出現新的挑戰，我們會設法轉換定位，將珍奶視作已經融入日本社會的點心，努力生存下去。◢

日圓貶值改變消費模式

這一兩年我們更明顯感受到日圓貶值的威

更多線上精彩內容，
請掃描QR Code

買 iPhone、吃拉麵都捲入貨幣戰
日圓大貶值連動台灣與全世界

「快點去換日圓！」近年日圓大貶值，台灣民眾掀起換日圓風潮
日本政府的貨幣政策，掀起一場連動世界的經濟戰爭！
有人趁機大買特買，有人卻面臨物價上漲惡夢
日本為何故意把日圓變小？日本經濟到底怎麼了？

諮詢專家／邱達生（台灣經濟研究院國際事務處研究員、東海大學經濟學系兼任教授）
文字／王琳茱、陳麗婷

　　日本是台灣人出國旅行最常選擇的國家，近年「日圓貶值」掀起國人兌換日圓的風潮，也是國際間熱門的經濟議題。

　　日圓近10年一再而再「縮小」，以日圓與新台幣匯率➕為例，2011年時，日圓兌新台幣的匯率為0.39元（相當於新台幣1元換2.6日圓），2019年之後日圓一路貶值，2022年7月到了25年來的新低點0.219元，2023年7月底最新匯率也只有約0.22元（相當於新台幣1元換4.6日圓）。

　　新台幣1元可換到的日圓，從2.6日圓一路飆到可換4.6日圓，整整多出三分之二，這對世界經濟究竟有什麼影響？

貶值增加出口競爭力，帶動觀光經濟

　　許多人都在疫情解禁後，快速啟程飛到日本大玩特玩、大買特買。其中日圓貶值是重要的誘因。

　　貨幣貶值最大的好處，就是為依賴出口產品賺錢的企業或國家帶來優勢。日本正是一個以

知識＋

怎麼計算匯率：買一包日本餅乾要花新台幣多少元？

　　每個國家都有自己的貨幣，將自己的貨幣轉換成其他國家等值的貨幣，就是匯率。簡單來說，新台幣1元目前約等於4.6日圓，就是匯率。例如在台灣買1包日本品牌的餅乾需要新台幣50元，依照新台幣1元約等於4.6日圓計算，這包餅乾的日圓售價約是230日圓。

（繪圖／丸同連合）

出口為導向的國家，當日圓貶值，對海外消費者來說，日本產品的價格變得更便宜。例如原本100日圓的商品，在2020年3月初換算為新台幣29元，到了2023年卻可能只要不到22元，對台灣消費者來說更便宜，也就更願意購買。

因此一旦日圓貶值，日本產品在國際上將更具競爭力，並且有益提升銷量，為日本企業帶來更多收入，也能振興日本經濟。

另一個好處是刺激觀光業，因為對外國人來說，日本當地的商品變得更便宜，因此能夠

吸引更多人到日本旅遊消費，刺激日本當地買氣。例如現在到日本吃壽司郎或一蘭拉麵，竟然比在台灣吃便宜許多，這也是為什麼過去日圓貶值可以持續為日本經濟帶來紅利。

計畫性讓日圓貶值，日本的長期盤算

日本為何故意把日圓變小了？這要從日本長期經濟發展低迷說起。

日本在1980年代中期，曾經歷過一段舉國炒房、全民炒股的「泡沫經濟時代」，繁榮的經濟表現不僅讓國民生活變得富裕，日商在全

（設計、繪圖／黃禹禎）

新聞充電器 ✚ 貨幣貶值與進出口：1萬美元可買到什麼日本車？

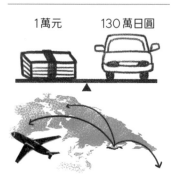

一円 ↓

日圓貶值：有利出口

1萬元　　130萬日圓

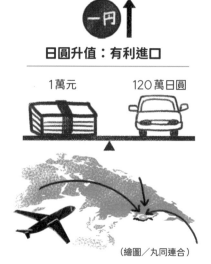

一円 ↑

日圓升值：有利進口

1萬元　　120萬日圓

假設1輛日本車出口到美國的售價是1萬美元，當日圓變小貶值到1美元可以換130日圓時，賣1輛日本車，日本商人可以收到130萬日圓。對美國人來說，同樣的美元可以換到更多日圓，等於美國進口日本汽車相對變得便宜，日本車在國外就有價格優勢，有利於日本車出口。

相反的，若日圓變大升值為1美元只能換120日圓時，日本商人每賣出1輛只能拿到120萬日圓，日本車出口到美國就變貴，日本車在國外的價格競爭力就變低。此外，去日本觀光旅行的人買的東西也都可能減少。

（繪圖／丸同連合）

世界、特別是美國的積極投資，更在國際掀起一波「日本將買下美國」的話題。

然而，泡沫經濟的繁榮光景多建立在借錢炒股票、炒地皮的「槓桿投資」✚，而不是國家產業的實質成長。日本經濟榮景在連年過度炒作後，就像泡泡吹破似的，終於在1991年崩潰。此外，另一個主要原因是，美國在1985年強力要求日圓升值來縮減日本對美國的巨幅貿易順差，並簽訂《廣場協議》，造成日本出口動能更加疲弱、一蹶不振。

1990年代初，日本的泡沫經濟破滅後，國內的一般性物價（含商品和勞務價格）持續下跌，平均經濟成長率不到1%，失業率則高達4%，陷入通貨緊縮壓力，導致日本的經濟持續停滯至2020年代，這10年因而有「失落的10年」之稱。

日本長期以來面臨通貨緊縮，造成經濟發展遲緩。在通縮時期要刺激經濟，就需要大量的貨幣流入市場，降低利率是很有利的貨幣政策，因此日本是計畫性讓日圓貶值。

2022年7月不幸遭槍擊喪命的前日本首相安倍晉三，過去就以調降利率來提振日本經濟。他在第一個任期時，繼續維持「零利率」的政策、設定2.0%通貨膨脹目標，並啟動印鈔機，印製更多日圓投入市場，這樣的作法也被稱為「安倍經濟學」。

知識 ✚

什麼是槓桿投資？

槓桿投資就是利用小額資金來進行數倍於原始金額的投資，投資者利用債務（借錢）投資於某些金融產品，以增加數倍的潛在投資回報。在實體投資中，1元只能交易1元價值的東西，但是在槓桿投資中，如果1元可以交易10元價值的東西，代表槓桿比例是10倍。舉債投資高風險事業或活動，投資者面臨虧損的風險也會倍數增加。

（繪圖／丸同連合）

日本是國際重要的經濟大國，日本經濟政策發生變化時，世界各國也無可避免地受到連鎖效應影響，首當其衝的就是其他同樣仰賴出口的國家或產業，例如台灣的機械業。

當日本機械因為日圓貶值而變得便宜，價格變得更具競爭力，有機會獲得更多訂單，台灣出口的機械就會因此受到排擠而減少訂單，進而影響台灣的出口經濟。

除了日本出口產業的競爭對手會受影響，平常出口商品到日本的國家或企業也都會受到打擊，因為日本大眾很可能會因為日圓貶值、通膨物價上漲等因素而減少消費，企業和商家也因此無法正常營運，最後對出口國的經濟造成影響。

貶值也有受害者，本國物價上漲惡夢

日圓貶值雖然對出口企業以及觀光業有利，卻會造成進口商品價格上揚，因為進口的產品多以外幣（如美元等）計價，進到日本國內再轉換成日圓，所以當日圓貶值，換算後的進口商品價格就會變高，要花更多日圓才能買到一樣的進口商品。

日本許多產品仰賴進口原料生產，使用進口原料勢必導致成本上升，因此許多日本商家也紛紛提高商品售價，因此日圓嚴重貶值，對日本當地民眾可說是惡夢一場。最明顯的例子就是深受日本民眾以及海外遊客喜愛的日本百圓商店產業，這個產業過去一向以物美價廉聞名，現在卻因為近來日圓嚴重貶值以及進口原物料上漲，面臨極大的生存危機。

除了日本國內的產品面臨漲價壓力，許多國際品牌也紛紛調整自家商品在日本的售價，以因應日圓貶值。以蘋果公司產品為例，128 GB的iPhone 13 Pro原本的售價為122,800日圓，如果以2020年3月的匯率計算，約相當於新台幣3萬5千元，到了2022年日圓的新匯率低點，則約相當於新台幣2萬7千多元，足足差了新台幣8千元！

因為匯率變化帶來了價差，許多人甚至特地跑到日本買iPhone撿便宜。蘋果公司為了因應如此嚴重的貶值，反而大幅提升出口到日本的商品售價，例如它曾在2022年7月突然宣布調漲iPhone、iPad等產品在日本的售價，原本122,800日圓的iPhone 13 Pro調整為144,800日圓，結果受苦的是日本本地民眾，因為對他們來說售價整整貴了近20％。

🔋 **新聞充電器** ＋ 通膨與通縮：為什麼薯條會變貴或變便宜？

通貨膨脹簡單來說，是一段期間內的物價「持續」在上漲，或者同樣的錢，購買力「持續」在下滑，所以，物價變貴了，原本以50元就能買到一包薯條，現在可能要花70元。

相反的，通貨緊縮則是一段期間內的物價「持續」在下降，或者同樣的錢，購買力「持續」在上漲，物價愈來愈便宜，原本50元才能買一包薯條，現在只要30元。

70元

（繪圖／丸同連合）

30元

日圓貶值對日本觀光的影響

日圓貶值後，外國人到日本旅遊、買東西更划算，導致大量觀光客湧入，也刺激觀光業。

貶值後，同樣日圓能換到的外幣減少，日本人出國旅遊要花更多錢。

（繪圖／丸同連合）

因此，日圓持續貶值造成日本國內商品價格不斷上揚，也使日本開始出現通貨膨脹現象。

日本如何應對通膨衝擊？

日本經濟正處於重要的十字路口，過去日本長期面對通貨緊縮，所以現在期望藉由讓日圓貶值帶來通膨，並且增加出口競爭力與帶動觀光經濟，但另一方面，又必須努力避免薪資長期未成長的日本民眾，被突然上漲的物價壓垮。

目前量測通膨最常用的工具就是「消費者物價指數」（Consumer Price Index, CPI）。消費者物價指數可透過計算一般生活必需品的花費，來觀察當前物價是否上漲過快，評估人民的經濟壓力。

2022年6月東京都核心消費者物價指數（Core CPI，扣除了對物價較為敏感的能源及食物類價格的物價指數），一度達到了7年來新高，可見日本物價不是短期的自然波動，而是以不同於以往的速度在上漲，日圓也一直在貶值，日本民眾手中貨幣能買的物品減少了，日本的通膨確實正在發生。

為了因應通膨，2022年日本政府緊急推出6.2兆日圓的經濟對策，包含發送10萬日圓給全國低收入家庭，以及額外的5萬日圓給家裡有兒童的低收入家庭。一些日本公司甚至開始發送「通膨津貼」給員工。大學也採取行動幫助收入不穩定的學生度過通膨，例如位於東京的駒澤大學世田谷校區在該年暑假開始前也曾發放免費食物，引來大批學生排隊領取。

在貿易全球化的時代，一個國家的經濟變化不僅影響該國的企業與民眾，也會對其他國家造成影響。接下來如果注意到日常生活中的商品變貴或變便宜了，不妨想想背後是否受到其他國家的經濟變化影響喔！▶

更多線上精彩內容，
請掃描QR Code

（設計、繪圖／黃禹禎）

5千日圓上為何使用女性肖像？
日本如何用「紙鈔人物」塑造國家形象

日本紙鈔上選用的人物，隱含了許多不同意涵
是呈現歷史驕傲？宣揚民族價值觀？還是宣傳國家定位？
對於外國人來說，從紙鈔人物來看現代日本，是一個有趣的切入點

文字／李世暉（台灣日本研究院首屆理事長、政治大學日本研究學位學程教授）

　　二戰後，日本便以英文字母來區分不同年代發行的紙鈔。其中最早可以追溯到1946年發行的「A號券」，最大面額為100日圓紙鈔（日圓單位為「円」）。而現在大家所使用的日本紙鈔，則是2004年發行的「E號券」。

　　E號券的人物，包括萬元鈔的福澤諭吉、5千圓鈔的樋口一葉，以及千圓鈔的野口英世。其中，福澤諭吉是明治時期重要的思想家與教育家。一方面，他的「脫亞入歐」思維影響了日本的現代化發展；另一方面，他創立的慶應義塾大學是日本第一所私立大學，為日本各領域培育許多社會菁英。

樋口一葉是明治初期主要的女性小說家，其對女性社會地位的關注，讓她成為第一位用於日本紙鈔上的女性。野口英世則是20世紀初期在國際與日本皆享有很高評價的細菌學者。

日本紙鈔上的人物是怎麼選出來的？

日本銀行預定2024年發行的新紙鈔，即將出現全新的圖樣「F號券」，相隔20年再次發行的新紙鈔上，也將出現全新的人物肖像。F號券紙鈔上的人物依序是：萬元鈔的澀澤榮一、5千日圓的津田梅子，以及千圓鈔的北里柴三郎。

澀澤榮一是建立現代日本金融體制最重要的人物，他透過金融體制協助了超過500家日本企業，被稱為「日本資本主義之父」。津田梅子在明治時期後期積極宣揚女性教育與自立的重要，並創辦了女子英學塾（津田塾大學前身）。北里柴三郎則是明治時期傑出的細菌

學、免疫學家，是血清療法的發現者。

從「紙鈔政治學」的角度來看，這些被選用的人物肖像都有一定的政治意涵。究竟日本紙鈔上的人物肖像，是怎麼決定的？

依據日本《銀行法》第四十七條第二款的規定，日本紙鈔的人物肖像樣式是由財務大臣決定。而人物肖像的選用條件，主要有4項：

1. 必須是歷史上實際存在的人物，並擁有高知名度
2. 必須留下經考證的明確相片或肖像
3. 其生平事蹟必須符合現代日本社會的價值觀
4. 必須具有一定的國際性

若以日本戰後發行的紙鈔來看，屬於政治象徵的人物只有伊藤博文（日本第一任首相）。聖德太子雖然也是政治人物，不過他的功績在

現在1萬日圓紙鈔人物肖像為明治時期重要的思想家與教育家福澤諭吉如圖，新版1萬日圓紙鈔人物肖像為日本資本主義之父澀澤榮一。（攝影／林彥廷）

於確立天皇國家體制與佛教信仰，並不是單純的政治象徵。

其他的紙鈔人物則包括各種不同的身分，如：文學家夏目漱石與樋口一葉；思想與教育家新渡戶稻造（將武士道精神宣揚於國際）、福澤諭吉與津田梅子；科學家野口英世、北里柴三郎。

從紙鈔人物的變化，
看日本社會價值觀的轉變

若以價值觀來看，過去20年的紙鈔人物都有一個共通的特質：他們都關注日本現代社會的普遍議題。也就是說，這些人物既符合日本社會期待的思想與功績，也擁有歷久彌新、放諸四海皆準的價值觀。

而這些人物的選用，也有一定的政治意涵。例如，選用樋口一葉與津田梅子，意在宣揚現代日本強調女性的社會參與。不過，把2位女性放在發行量較少的5千圓鈔上，也隱約地呈現了日本女性社會地位提升的「局限」。而選用野口英世、北里柴三郎這兩位科學家，除了在宣揚科技的重要，也在強調對國民生活有貢獻的科技。

比較特別的是澀澤榮一肖像

戰後日本紙鈔人物肖像一覽表

	1萬日圓	5千日圓	1千日圓
C號券 (1957)	聖德太子 政治家	聖德太子 政治家	伊藤博文 政治家
D號券 (1984)	福澤諭吉 思想家	新渡戶稻造 思想家	夏目漱石 文學家
E號券 (2004)	福澤諭吉 思想家	樋口一葉 文學家	野口英世 科學家
F號券 (2024)	澀澤榮一 企業家	津田梅子 教育家	北里柴三郎 科學家

（資料來源／李世暉；繪圖／丸同連合）

的選用。澀澤榮一在明治初期建立了日本資本主義的基礎，也協助日本從農業國家轉型為工業國家。在日本式資本主義發展出現瓶頸、經濟發展失落了30年之際，日本政府提出了「新資本主義」的思維，強調對「人」，以及對科技創新、創業、綠色產業和數位產業的投資。與此同時，在萬圓鈔上選用澀澤榮一，也象徵了日本必須重回初心，回到原點思考日本資本主義的未來走向。

總的來說，從過去以來日本紙鈔人物的選用，以及透過對這些人物生平事蹟的了解，我們可以看出，日本社會的主流價值觀，已逐漸從國家、政治議題優先，轉為國民、民生議題為主。

更多線上精彩內容，
請掃描QR Code

 同學
怎麼看

新奇的1萬和5千圓鈔人物

從這篇報導中我觀察到，只有福澤諭吉重複出現在2號券上，而且都是出現在1萬圓的紙鈔上，可見他對日本現代社會的貢獻相當重要。另一個就是日本紙鈔上出現女性人物，而且還是2位，不像台灣只有2個政治人物。日本紙鈔上的人物讓我感到很新奇，對這些人也有了更多了解，真希望台灣的貨幣也能夠印製更多不同領域的人物。

桃園市
詹皇奕同學

錢好像不那麼俗氣了

原來紙鈔除了可以用來交易，還可以傳達這麼多訊息。之前去日本時，我就發現日本的紙鈔上有許多不同的人物，原來他們都是金融、文學、教育、科學界的重要人物呀！反觀台灣的千元紙鈔上，有著一隻藍腹鷴，代表著台灣想將重視原生保育類動物的觀念傳達給大家，我突然覺得「錢」好像不那麼「俗氣」了！

女性印上紙鈔卻仍有刻板印象

日本的紙鈔跟台灣的紙鈔差異很多，台灣的紙鈔幾乎都是台灣的自然生態，日本的是有關政治、科學、教育等代表人物，但他們只把女生印在5千圓鈔上，而文章提到，5千圓鈔是很少人擁有，我覺得這個做法十分的不好，不應該有刻板印象，希望以後日本政府不要這樣做。

台東縣
蔡禾鈞同學

新北市
劉子禔同學

日本貨幣上的小祕密

10題測試你對日本了解多少？

諮詢專家／李世暉（台灣日本研究院首屆理事長、政大日本研究學位學程教授）
文字／陳韻如

（設計、繪圖／黃禹禛；攝影／林彥廷）

1. 目前使用的日本貨幣中，最小面額是多少日圓呢？
   A 50日圓　　B 10日圓　　C 1日圓　　D 5分

2. 1萬、5千和1千日圓紙鈔將於2024年全面更新，你知道為什麼嗎？
   A 升級防偽鈔技術　　B 迎接「令和」時代　　C 以上皆是

3. 日本紙鈔的圖案及代表人物，是由哪個首長決定的？
   A 首相　　B 財務大臣　　C 央行總裁　　D 天皇

4. 你知道哪個面額的日本紙鈔最難擁有嗎？
   A 1萬日圓　　B 5千日圓　　C 2千日圓　　D 1千日圓

5. 日本只有1種紙鈔上的人物肖像是女性，你知道是哪張紙鈔嗎？
   A 1萬日圓　　B 5千日圓　　C 2千日圓　　D 1千日圓

6. 日本近代醫學之父「北里柴三郎」也將成為紙鈔的主角，你知道是哪張紙鈔嗎？
   A 1萬日圓　　B 5千日圓　　C 2千日圓　　D 1千日圓

7. 許多國家的硬幣上都會有元首的肖像，但為什麼日本的硬幣上不放日本天皇？
   A 擔心弄髒天皇肖像　　B 硬幣幣值太小，不適合天皇

8. 為什麼5日圓與50日圓中間有個孔？
   A 省造幣成本　　B 方便辨識　　C 防偽幣　　D 以上皆是

9. 在日本買東西時，同一種硬幣一次最多可以使用幾個？
   A 25個　　B 20個　　C 15個　　D 10個

10. 哪種硬幣是日本人眼中的「幸運硬幣」？
    A 5日圓　　B 10日圓　　C 50日圓　　D 100日圓

解答：1.C 2.C 3.B 4.C 5.B 6.D 7.A 8.D 9.B 10.A

詳細解答
在這裡

頂大，
是人生幸福保證書嗎？

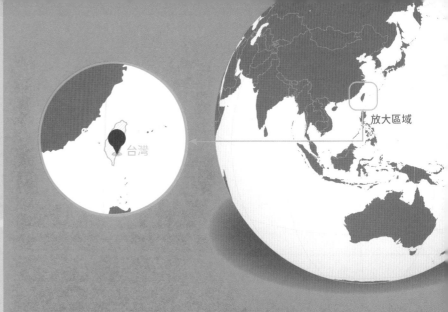

放大區域

台灣

踏上升學之路，面對的是一場長跑，
也是一站又一站的人生戰鬥
你知不知道：
每年有超過2千名台大學生求助心理諮商？
你是否看到：當大學錄取率已達98.94％，
卻還有人寧願不上大學？
你有沒有想過：實現自己的興趣，
比上頂尖大學更重要？
你可以先來聽一聽：
頂大學生的第一手真實告白

文字／陳麗婷、陳德倫
設計、繪圖／黃禹禎
攝影／陳曉威、王崴漢、許菁倩、余志偉

4位台大學生的真心話大告白

文字／陳麗婷

進入頂尖大學（簡稱頂大），有人拿到一紙幸福保證書，但是，有人得到的是心理諮商回診單。在這裡，他們都還有待修的另一課。

電機系葉泓佑：背著期待不停地追趕

我是葉泓佑，台大電機工程學系學生，延畢1年，正準備赴美深造。

高中開始，我就以進入台大、成功大學、清華大學、交通大學等頂尖大學為目標。自從上了台大後，就不斷地追趕。我總是擔心同學發論文是第一作者，自己卻只是共同作者，或是他到了知名A公司實習，我只在B公司實習。

台大的學生背著壓力不停地往前，是一種病態的往前。每天覺得還有很多書沒念，很多事沒完成，與其說害怕失敗，不如說是擔心辜負大家的期待。

為了放下壓力，休假返回彰化家中時，我會故意將平板電腦、筆電留在宿舍，原以為回家不帶電腦，就能強迫自己休息，沒想到反而更焦慮，焦慮到想趕快回台北。

人類學系張騫翮：我感到幸福，也感到壓迫

我是張騫翮，台大人類學系學生，從小就喜歡閱讀文化書籍，踏察考古遺址，以追求人類學研究為目標。

台大在學術上的資源很多，我感到幸福。但是，即便對人類學有興趣，面對無止境的知識追求，仍會感受到壓迫感。

身為台大生，壓力來自別人以及自我的雙重期待。有許多人從高中到大學，甚至博士班，一直被告知要更上一階層，沒有資格享受或停下來思考自己想要什麼，但是，沒有興趣的人，痛苦指數更高。

大一升大二暑假在苗栗打工時，身旁剛好有位同齡的科技大學學生，當時很不想講我是台大學生，因為一般人很容易認為台大生好像就是什麼都得會、什麼都要懂，但我一樣19歲，才大一升大二，為什麼我什麼東西都要懂？這對我很不公平。

公衛系陳彥蓉：待完成清單不斷疊疊加加

我是陳彥蓉，台大公共衛生學系學生。和一般上班族相比，台大生的時間可能更加寶貴，有些私立學校學生可能會說：「畢業後是不是該念研究所？」但台大生卻會說：「如果不念研究所的話，會怎樣……？」所以，身邊每個

對台大學生而言，外界眼光以及自我期許，都會在自己身上形成種種壓力。
（攝影／王崴漢）

同學幾乎都在準備念研究所，讓人更加焦慮。

誰說大學可以玩？大學不是來玩的啊！在家人的期待下考上台大，我不只雙主修社會系，又跨修新聞研究所，甚至積極找實習工作，進大學後，我已經兩、三年沒有放假了。待完成的清單不斷疊加，壓力不斷往自己身上加。

很多台大生從大二、大三開始找實習機會，實習也是為了提早進入職場，要進入職場必須有作品，要有作品就一定要實習，當身邊的人都不斷向前，自己也無法停留。

戲劇系林宜臻：失去興趣或意志力怎麼辦？

我是林宜臻，台大戲劇學系學生。我花很多心力考上台大，這對我自己是項證明。台大光環確實存在，特別是以台大身分到了職場，除了交出不錯的學歷，台大人的學長姊也會互相幫助，這一切都是助力。除去光環，卻是無形的壓力，尤其在長輩面前，我不會主動說自己是台大學生。

台北藝術大學的戲劇資源相對更加完整，我為什麼選擇台大？我爸媽對台大的迷思很重，從小灌輸我一定要讀北一女、台大的觀念，但我喜歡戲劇，小時候經常於電視台擔任外景主持人，所以，選擇台大戲劇系也算是一種折衷。

但我自己並不符合社會對台大人的既定印象，當他人知道我讀台大時，一開始會有很大的反應，「你不是讀台大？應該很厲害！」也會突然對我有更高的標準與期許。

家長或社會大眾常以「吃飯的角度」來衡量一所大學，不是不行，只是很可惜。讀台大除了能學習專業，還能培養思辨能力，甚至哲學、社會學思考或藝術思想，這些都是出社會後花錢也不見得學得到的能力。

台大自殺率真的很高，我很慶幸自己讀的是有興趣的科系，大學如同小型社會，有著人際、環境、課業等多重面向需要適應，再加上永遠都有比自己優秀的人，永遠也追趕不完，也沒有人想當最後一名。

如果不是興趣或意志力支撐，那些焦慮要如何排解？有些人確實適應得不好，很多同學都在求助心理諮商，在Facebook交流版上，有人po「讀了台大4年，獲得一張『回診單』」，好多台大人都上去留言贊同。📢

更多線上精彩內容，
請掃描QR Code

誰是頂大生？教育翻轉了誰？

富人小孩進台大的機率是窮人的6倍
政府花在台大學生的支出高於私立學校
數據背後，隱藏哪些台灣教育問題？
大學教育可以翻轉人生嗎？還是限制了人生翻轉的機會？

文字／陳麗婷

在閱讀這篇文章之前，你可以先掃描QR Code到線上做「家戶所得與進台大機率」測試，輸入家中的年家戶所得（例：家戶一年所得為100萬台幣，則輸入1,000,000），看看你進入台大的機率有多少。

　　台灣行政院於今年6月通過了「拉近公私立學校學雜費差距」方案，預計自2024年2月起補助私立大專院校生學費一年約新台幣3.5萬元，相當於彌補公私立學費差距的7成。此項政策再度引發各界議論教育資源分配的公平性。

　　目前高中職畢業生就讀公立大專院校約占35％，就讀私立大專院校約占65％；公立大專院校每年平均學雜費約新台幣6.2萬元，私立大專院校約11萬元，一年的學雜費差距將近5萬元。

　　行政院認為，許多家庭經濟狀況較差的學生，反而就讀收費高的私立學校，縮小公私立學雜費差距，可降低社會不公平，落實教育平權。但在野黨質疑，這是執政黨在2024年總統與立委大選前的「大撒幣」騙票政策。

　　「家戶所得與進台大機率」測試，是參考台灣大學經濟學系教授林明仁，與學生沈暉智的

 知識＋　什麼是頂大？

　　一般來說，是指教育部於2005～2017年所訂「邁向頂尖大學計畫」中，給予重點經費補助的大學，該計畫旨在提升國內研究水準、建設世界級的頂尖大學。
　　根據2011公布執行計畫審議結果，共計12所大學，包括34個研究中心獲得補助，依獲得補助之規模排序依次為：台灣大學、成功大學、清華大學、交通大學（現已與陽明大學合併為陽明交通大學）、中央大學、中山大學、陽明大學、中興大學、長庚大學、政治大學、台灣科技大學、台灣師範大學。

（設計、繪圖／黃禹禎）

研究論文〈論家戶所得與資產對子女教育之影響〉中的數據製作而成，他們取得財政部財稅資料中心的家戶報稅資料，串連子女就學資料，分析1993～1995年出生的學生入學與家戶所得情形。

這是台灣第一次以數據佐證，父母的資產影響了子女的教育機會和資源。數據分析結果發現，有錢人家的小孩進入台大和其他頂大的機會更高，獲取的資源也更多。

現象觀察

林明仁教授與學生觀察研究數據之後，分析出4個特殊現象：

現象1：富人小孩進台大機率，是窮人小孩的6倍 (表1)

這份研究資料裡，51％的台大學生來自前20％所得最高的家庭，即家庭所得在80～100百分位。研究發現，所得前70百分位家庭的子女，進入台大的機率大約在1％左右，而所得超過70百分位後，子女進台大的機率也逐漸升高；到了90百分位之後，子女進台大的機率突破5％，甚至達6％。顯示家庭所得愈高的家庭，子女進入台大的比例也愈高。

現象2：頂大學生的家戶所得分布偏高 (表2)

台大學生的家庭年所得中位數約為150萬

富人小孩進台大機率，是窮人小孩的 6 倍

表1

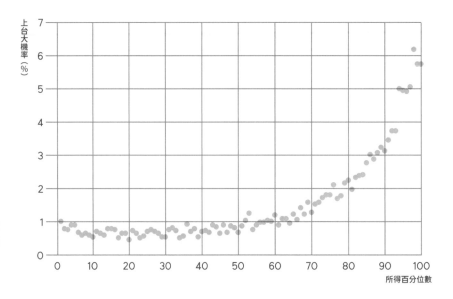

資料來源：沈暉智、林明仁（2018），論家戶所得與資產對子女教育之影響，以1993~1995出生世代及其母稅務資料為例。《經濟論文叢刊》

看懂百分位數的意義

百分位數的意思是，將一份數值資料由小到大依序排列，並分成100等分，中間便有99個分割點。而這99個分割點所對應的數值，就依序稱為這份資料的第一百分位數、第二百分位數、第三百分位數……直到第九十九百分位數。

本篇文章的研究資料，使用百分位數來比較家庭所得，也就是把全國家庭所得從最低排到最高。比如從全國抽出100名學生，並且按照他們家庭所得的高低，由低到高排成一列。如果是第七十百分位數，就是站在第七十個位置的學生，他的家庭所得比在他前面的69個人好，就可以把這第七十個學生的家庭所得稱作第七十百分位數。

元，高於全體公立大學學生的近110萬元，更遠高於私立大學學生的約100萬元。

如果將國內大學依名次排列分析也會發現，學生家戶所得的中位數也由高漸漸降低，顯示有錢人子女進入頂大的機率比窮人小孩高。

經濟學裡會描繪父母所得（親代所得）對子女所得（子代所得）的影響，其中教育（人力資源）在「跨代所得彈性」中扮演了重要角色。

因為一個人受了教育，不僅可能增加自己未來人生中的所得，也可以把部分的資源投資在子女身上，使子女更有機會享有同樣的「教育紅利」（和上一代父母一樣，受教育提升自身所得後，再投資到下一代身上），教育資源能形成正向循環，一代一代影響子女的所得。

這也是為什麼許多專家主張，讓教育促進社會貧富階級的流動。

經濟學者林建勳解釋，即便社會貧富階級差距很大，但如果貧富階級可以上下流動，代表努力就會有收穫；如果階級間完全無法流動，出身不好註定一生貧困，就可能讓人不去努力投資自己，造成整體社會的負面循環。

現象3：富人子女進入前20名大學比例高 (表3)

從表3可以看出，如果將台大換成全台前5名、前10名、前20名大學，也有同樣的現象：愈有錢人的子女進入頂大的機率明顯愈高。

有錢人上頂大機率較高的現象，其實不只發生在台灣。林建勳舉例，美國哈佛大學公共經濟系教授拉傑·雀蒂（Raj Chetty）等人研究指出，美國收入在90百分位以上家庭的孩子，進入大學的比例達8成以上；收入最底層10百分位家庭的孩子，有大學學歷的比例僅

現象 2　頂大學生的家戶所得分布偏高

表2

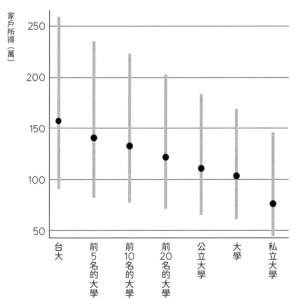

註：前5名指台灣大學、政治大學、清華大學、交通大學、成功大學；前10名再加上：中央大學、中山大學、台灣師範大學、台灣科技大學及陽明大學；前20名則另外包含：台北大學、中正大學、中興大學、台北科技大學、台北醫學院、淡江大學、長庚大學、東吳大學、元智大學、逢甲大學。

看懂中位數的意義

中位數的意思是，把一組數值資料由小到大排列，最中間的數值即為中位數，也就是這份數值資料中有一半數值大於中位數，另一半數值小於中位數。

若數值資料出現極大值與極小值，像是家庭所得統計資料，平均值容易受極大值、極小值影響而被拉向其中一邊，這時反而中位數比平均值更能表現多數人的狀況。

現象 3　富人子女進入前20名大學比例高

表3

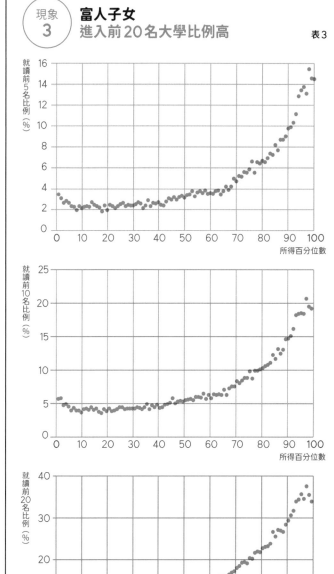

現象 4

資源較多的學校，學生經濟狀況較好

表4

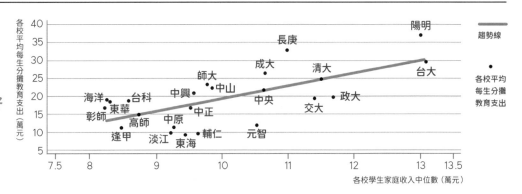

資料來源：沈暉智、林明仁（2018），論家戶所得與資產對子女教育之影響，以1993~1995出生世代及其母稅務資料為例。《經濟論文叢刊》

有3成。

台大經濟學系教授駱明慶分析台大學生組成的2篇研究也發現，台大學生大多來自社會經濟結構較好的區域，而來自發展較晚、所得較低區域的學生，想進台大就猶如登天。

即使現在已實施「扶持弱勢與偏鄉學子」的繁星計畫等多元入學方案，情況雖有減緩，但貧富家庭孩子上頂大的機率仍有極大差異。

現象4：資源較多的學校，學生經濟狀況較好

（表4）

從表4可以發現，上台大、陽明等學校的學生家庭背景較為富裕，但這些學校在每個學生身上的平均支出反而最多。然而，上私立學校的學生大多家庭經濟狀況不如頂大生，在校平均分配到的資源也較少。此現象凸顯政府在教育資源配置上，有「反向重分配」的狀況，也就是「背景好的學生反而更有機會得到資源補貼」。

為了讓更多人接受大學教育，台灣教育制度走向廣設大學，再加上少子化，所以2001年後，幾乎人人有大學可讀。

然而，經濟狀況較差的家庭，孩子上好大學的機率低，多數得去上學費較高的私校；私校的補助又相對較公立學校少，不僅就學負擔大，因為私校排名較差，出社會找工作也缺乏競爭優勢，形成「大學學歷貶值」。

「學歷貶值，加速了世代不均等，」清華大學台灣語言研究與教學研究所副教授陳明蕾提出，廣設大學後，父母都希望讓孩子念大學，即便私立大學學費昂貴，許多低所得家庭也會讓孩子申請大學就學貸款。這些學生一畢業便背債，但他們在大學真的能學到東西？

也許當初的政策方向沒錯，但產生了沒有預想到的副作用，而教育部提供的學校資源分配方案，並無法解決「世代不均等」問題。

數據解析

我們該如何看待以上數據以及各種特殊現象？

「台大學歷」看似在社會中占有優勢，但專家指出，學生更應著重培養個人能力與特質，不斷精進自我，終身學習的態度遠比學歷來得更加重要。（攝影／王威漢）

解析1：**教育制度無法推促社會階級流動**

這項研究以明確的數據説明，所謂的學業成就，會受到家庭背景的影響。林建勳分析指出，當政府或學校以制度鼓勵「成績好」的學生時，實際上是否也助長了不公平？然而，如果希望教育具有促進社會階級流動的功能，大家也應思考，台灣目前的制度是否能達成這個目標？

陳明蕾認為，這項研究把所得過度貧富二分化，因為即便是家庭所得在100百分位的家庭，其子女就讀台大的比例也不過只有6%，換個角度來看，其實也是鳳毛麟角，代表「要進台大都很難，也不一定有錢人就一定做得到」。

陳明蕾表示，這項研究提醒大家，台灣社會有一群中低下所得的家庭，缺少社會階級流動的機會。學生不是有上大學就好，而是應在大學取得良好的學習品質，可是通常沒有人告訴家長或學生，即便他們一學期花了5萬元學費，卻可能無法獲得對等的資源，也不見得學得到東西。

解析2：**多元入學管道對弱勢生幫助仍有限**

近年來的繁星計畫或特殊選才管道，都是為了讓更多有潛力的學生，有機會進入適合的頂大就讀。陳明蕾認為，或許大家會認為入學方式還不夠多元，但從過去僅有聯考一試定終身，再到現在的多元入學，方向正確了，剩下的需要時間來完成。

但也有專家認為，繁星計畫僅是表面糖衣。專長研究家庭經濟與教育文化關係的健行科技大學財務金融系教授曾真真表示，以繁星計畫來説，大專院校針對非明星高中釋出的入學名額多半非熱門科系，例如釋出給偏鄉高中的缺額多為較冷門科系，本身就已不公平。

曾真真認為，家庭所得高低所代表的是，父母親有沒有時間與金錢投資在孩子身上。依據現今的多元入學制度，學生須準備學習計畫、具備專長，甚至擁有參賽獲獎紀錄等，每一項都需要開銷，與做系統性的規劃及長久經營，這對中低收入家庭來説，本身就有難度。

解析3：**翻轉人生應由學前教育開始著力**

家庭背景會影響孩子對未來人生的想像，社會應該提早讓孩子有更多的選擇。林建勳表示，他在新竹縣尖石鄉的學校服替代役時，曾問山上的孩子未來想做什麼。孩子們的答案很單一，有一半的孩子説想當護士或老師，剩下的一半則想當籃球員或運動員。然而，都會區的家長也許能讓他們的孩子出國或提供他們更多的學習機會，所以相對來説，都會區的孩子的視野與對未來人生的想像也會比較寬廣。

當然，我們無法讓所有人都進頂大，社會階級流動也不應該只靠「上好大學」。陳明蕾表示，投入偏鄉的社會資源多以硬體設備為主，台灣的偏鄉有硬體、5G，下一步應是設法藉由偏鄉的基礎教育，消除孩子因家庭背景所造成的視野不足。偏鄉孩子的選擇不應局限於棒球員或廚師，必須打開他們的視野，從孩子的學前教育開始扎根，讓中低所得的家庭透過更完整的教育制度，提供孩子發展的機會。◢

更多線上精彩內容，
請掃描QR Code

台大學生都是怪物？都很厲害？
中小學生對大學的11種想像與疑問

對於大學，國小國中學生有什麼想像？有什麼困惑？
有些人從小立志朝第一志願的頂大邁進
有些同學認為實現自己的興趣，比上哪所大學更重要
也有很多人好奇：上台大的人，都是怪物？都很厲害嗎？

文字／陳麗婷
設計、繪圖／黃禹禎
攝影／王崴漢、陳曉威

第一問　**上大學會變厲害？**

? 台大真的有很多厲害的「怪物」嗎？

我想問：在大學學習的知識，在出社會後真的有用嗎？很多人念了大學，工作卻不一定與大學所讀科系有關，我希望先釐清自己的興趣。

我想像：台大是一個有很多厲害人才的地方，有很多「怪物」，也就是每個人都很強。我也會希望念更好的學校，但評估自己的實力後，應該不會以台大為目標。我的父母親也希望我能考上台大或政大等名校，但他們也常鼓勵我走自己喜歡的路。

祁長泓
台北市
父：工廠管理者
母：家庭主婦

? 未來的工作和大學念的科系相關嗎？

我想問：我現在還不確定要讀好的大學，還是選擇自己喜歡的科系或興趣發展？我很想問大哥哥和大姊姊們：出社會後的工作，真的會與大學所念的科系相關嗎？

我想像：感覺好的大學比較有口碑，學風自由且資源多，但即使上了台大，如果我念的科系是較冷門且沒興趣的科系，可能反而會失去學習動力。其實技職學校也不錯。我希望大學生活不要有太多壓力，最好是玩樂及學習取得平衡，不完全是為了學會職場專業而讀大學。

顏瑟
高雄市
父：無障礙空間設計
母：家庭主婦

郭可涵
台北市
父：風水師
母：上班族

❓ 台大畢業的人，薪水會比較高嗎？

我想問：我對科學很有興趣，覺得做實驗與研究很好玩，未來希望就讀能做實驗的科系，因此，會以念大學為目標。但要找到比較好的工作，可能還是會看學歷，如果考上台大，畢業後薪水真的都比較高嗎？

我想像：不管是否能考上台大等學校，都要以自己的興趣為優先。感覺念大學也比念國高中輕鬆，還可以跟志同道合的同學一起創立社團，有很多可以嘗試的事情。我也期待大學時期的自由時間可以更多，不用像國高中時期每天課程排得很滿。

第二問 ## 讀頂大就能成為人才？

邱梓庭
台東縣
父：從商
母：理化老師

❓ 大學到底是培養專才還是通才？

我想問：我的母親也是台大大氣研究所畢業，常提到台大資源多且風氣自由，期許我也能到像台大這樣的學校就讀，我會努力朝此目標嘗試，未來志向想要當醫師，第一志願台大醫學系。但我也想知道：大學教育是培育專精於某一專業的專才，或是各方面都要學習的通才？

我想像：我覺得大學應該比國高中輕鬆，因為課程可以依自己興趣安排，選擇也比較多，且上大學應該對未來找工作比較有幫助。考上台大後如果認真學習，未來也會成為各領域的優秀人才或領導者；相反的，如果自己沒有好好把握機會學習，我覺得就算進入台大也不見得有用，甚至比不上認真努力的人。

第三問 ## 興趣與學歷哪個重要？

賴姵綾
花蓮縣
父：務農
母：派車媒合人員

❓ 念什麼科系能幫我圓畫家夢？

我想問：大學念什麼科系，能幫我圓畫家夢？我很想當畫家，雖然還沒有機會學畫畫，但每次看到網路上有人分享畫畫都覺得很酷，所以，很想知道大學讀哪個科系，未來真的可以當畫家。

我想像：我覺得並不一定要讀大學或頂尖的大學，很多人不需要上大學也能發揮自身專長，例如要是能透過其他管道學畫畫，我可能不會堅持考大學。如果真的要上大學，最主要的原因是「自由」，去外縣市讀書可以不住在家裡，尤其晚上不需要太早睡，可以熬夜做自己喜歡的事情，自由度較高，外縣市的機會也更多，可以賺比較多錢。

蔡禾鈞
台東縣
父：運輸業
母：國小老師

？ 大學所學在日後工作派得上用場嗎？

我想問：在大學學到的東西，在之後的工作真的派得上用場嗎？因為我的父親是會計系，但是後來從事運輸業，我也擔心自己所學無法應用，因此希望朝自己的興趣發展。

我想像：很多人會嚮往台大、清大等學校，但我覺得學校只是一個學歷，並不代表自己的實力。上了大學之後，應該要靠自己多摸索，不是只依靠學校或老師。除了學校給予的知識，也可以多從課外管道學習更多內容，增加實力。

洪安廷
台東縣
父：政治人物
母：國小輔導主任

？ 頂大錄取學生會以熱忱優先嗎？

我想問：頂大錄取學生，會以學生的專業程度，還是熱忱為優先？感覺大學能接觸到的領域也比較多，學習的內容也更專精。我想要讀的大學是作息不要太緊張，有多餘時間安排想學的專長。

我想像：興趣會帶來比較大的動力，我很喜歡畫畫，尤其對電繪、動畫很有興趣。台大雖是很專業的學校，但感覺學生的壓力應該很大，如果跟不上大家學習的腳步，愈不懂就愈沒信心，不見得會有好的學習效果。

莫雅欣
台北市
父：大學英文老師
母：家庭主婦

？ 學到我想學的，比上大學重要？

我想問：學到我想學的，是不是比上大學重要？我很喜歡畫畫，未來希望當插畫家或公仔設計師。父親也很會畫動漫，我請他教我畫，可以一直畫畫很紓壓，一點都不覺得累。

我想像：母親知道我喜歡畫畫，已經請畫畫老師協助我練習進國中美術班所需的素描等考試項目。我也經常上網看不同人的作品，在網路上看到畫展訊息，也會請父母親帶我去看。但我覺得不一定要上大學，反而比較希望能夠上更多與畫畫技巧有關的課程或學校，學到我想學的比較重要。

第四問　大學與中學有什麼不同？

柳淑慧
高雄市
父：機車維修
母：家庭主婦

❓ 大學上課模式和國高中有什麼不同？

我想問：大學的上課模式和國高中真的不同嗎？我對上大學的期許是能學習多元知識，而我心中理想的大學，是能引進資源，讓學生有更多實習機會，接受歷練，對未來職場有幫助。

我想像：我喜歡寫作，也很喜歡自然、數學等領域，如果未來想念理科，台灣現今有很多師資以及知名度比台大高的理科學校，我會以興趣為主要考量，不會以台大為唯一目標。

陳楷鈞
高雄市
父：物流業
母：物流業

❓ 上大學會很累嗎？好不好玩？

我想問：大學除了學習專業之外，也要學會很多生活技能，等於提早適應出社會後會碰到的狀況。此外，大學生活要很有趣、很好玩、多采多姿。我覺得上大學會讓找工作比較順利，不一定要以好的大學為目標，要看自己是否適合。

我想像：應該挑選喜歡的學校科系以及適合自己程度的大學，不一定要以很厲害的大學為目標。台大、政大等學校，當然都很好，但其中也有較混的學生；不好的大學也會有很優秀的學生，關鍵是自己是否有認真學習。

余佳恩
花蓮縣
父：販售豬肉
母：家庭主婦

❓ 大學會教怎麼賺更多錢嗎？

我想問：不一定要讀大學，像我父親及表哥都沒有上大學，也一樣可以賺錢養家。以我父親來說，他從小就跟著我的祖父母販售豬肉養活全家。

我想像：雖然父親沒有特別提過是否希望我讀大學，但祖母知道賣豬肉很辛苦，尤其富里很難找到人手幫忙，必須清晨3點多起床灌香腸、準備肉品出去賣，所以，她希望我考上台大，以後的工作才不會那麼辛苦。我確實不想以賣豬肉為職業，但也不覺得非要讀台大，只要是自己想做的就可以。我比較喜歡數學，不需要背很多內容，雖然還不知道以後會不會上大學，但我希望未來能到台北念書或工作，機會比較多，選擇也比較多。

專 家 建 議 | 成功的定義是自我實現

針對學生們的提問，華梵大學校長林從一和台北市再興中學資訊組長陳俊宇，由大學領導者和教育工作者的角度提供看法和建議。他們從學生們的回應看見，家庭的社會經濟狀況仍左右了他們對未來大學教育或學習的選擇。

陳俊宇認為，現在雖然有繁星計畫、特殊選才方案協助縮小城鄉差距，不過住在都會區或社經地位較好的父母，相對願意花時間陪孩子規劃未來、培養興趣，像安排畫畫課程等，提供孩子學習更專業技能的機會；相對的，社經地位較差的家長則通常忙於工作，無法給予孩子更多的關注，或替孩子規劃學習特殊專長。

「但社會價值觀對學生是潛移默化的，」林從一舉例，當家人以讚賞與羨慕的眼光、口吻，評價他們身邊擁有高薪工作或可觀收入的親友，孩子就容易受到影響，認為成功的定義就是擁有高收入。

不過幸運的是，現今網路世代的學生能透過網路看到外面的世界，了解世界的變動，未來他們將更有機會改變與翻轉。林從一想對同學們說，成功的定義並非只有一種，以美國為例，有很長一段時間，消防員是男孩子心中的首選職業；德國因擁有完善的技職教育，使得那裡的孩子不會以上大學為唯一目標。林從一表示：「成功的定義應是『自我實現』。」

 知識+ **繁星計畫：資源不足地區學生的優質校系入學門票** ───

「繁星推薦」是為了招收來自不同地域的優秀人才。由各高中向大學校系推薦優秀的學生，讓資源條件相對不足地區的學生也能取得優質校系的入學門票。

參加「繁星推薦」的同學，必須是全程就讀同一所高中的應屆畢業生。一名學生只能被學校推薦至一校茲學群，而一所學校最多只能對同一所大學、同一學群推薦兩名學生。

特殊選才：適用專才和偏才，無需參與學科能力測驗（簡稱學測）、分科測驗 ───

「特殊選才」是希望大學招生多元化，各校可依所需選才，甄選方式多為各校自辦的資料審查和面試，少數有筆試。主要招收「偏才」、「專才」學生，也提供弱勢向學的機會。各校系針對具有特殊才能、經歷或成就的學生開放名額。

學生可不必經由學測、分科測驗，就有機會入學就讀。只要擁有特殊專才，無需提供學測成績，就算是非體制內的學習管道，都可申請經過甄選獲得入學機會。

更多線上精彩內容，
請掃描QR Code

第一學府和你想的也許不一樣
頂大能學到什麼？要和什麼纏鬥？

台灣第一學府的學生，對學校有驕傲、也有無力感
在這裡每個學生擁有更豐沛的課程和師資人脈
但一年有超過2千名學生求助心理諮商

文／陳麗婷、陳德倫

　　一項針對台大學生進行的調查訪談顯示，多數台大生都認同自己的學校。有人直言：「取得台大學歷，如同取得人生勝利入場券。」但是，學生對台大最感「驕傲」的部分不是學歷本身，而是相較其他大學，台大給予學生更豐富且多元的學習管道及資源。

　　《少年報導者》於2022年9月到10月間，與台大學生會、台大研究生協會合作進行「台

（設計、繪圖／黃禹禎）

表1
我心中認為現在的台大是什麼樣子？

重視學生獨立思辨能力	551人 (80.09%)
培養學生創新創意	421人 (61.19%)
善盡社會責任	224人 (32.56%)
課程結合職場內容	220人 (31.98%)
願意尊重學生對校務決策的意見	163人 (23.69%)
其他	61人 (8.87%)

大學生大學生活滿意度問卷調查」，對台大全校學生發出線上問卷調查，希望了解他們在就學期間對學校整體的看法，包括研究與學習、校園自由度、未來發展等面向，也問及台大人應扮演的社會角色。這項調查回收688份有效問卷，更實際訪談多名台大學生分享他們在第一學府的經驗。

以下為重點調查結果的分析。

培養思辨創新＋開發自我認知

台大是什麼樣子（表1）？調查顯示，在台大學生心中，台大是一所「重視學生獨立思辨能力」及「培養學生創新創意」的校園。而除了學習的豐富度之外，學生更重視能否培養出思辨與創新能力。

讀大學是不是為了進入好的職場？從調查也發現，回歸大學教育的本質，培養職場專業

能力固然重要，但並非唯一目的，近9成台大學生都希望進到台大期間，可以習得「獨立思辨的能力」，約8成則希望「開發自我認知」（表2）。

如果以不同院所的學生來分析，很多學生認為通過台大的窄門後，工學院、管理學院、法律或醫學等科系，對應的職場方向可能相對明確；但對人文等科系的學生來說，不少人認為，上大學不只是培養職場能力，更重要的在於自我探索。

台大擁有社會給予的資源，有不少學生期許自己有能力反饋。約6成5的台大學生期許自己能扮演「參與社會公共事務者」的角色，約6成則希望成為「職場受雇菁英」。

選擇多元課程＋連結師資人脈

「如果拿台大與任一所大學相比，很明顯可

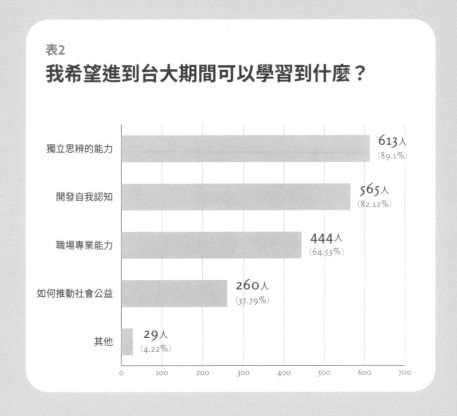

表2
我希望進到台大期間可以學習到什麼？

獨立思辨的能力　　613人 (89.1%)

開發自我認知　　565人 (82.12%)

職場專業能力　　444人 (64.53%)

如何推動社會公益　　260人 (37.79%)

其他　　29人 (4.22%)

看出台大的資源相當多。」參與設計此份問卷的台大學生會會長、台大心理學系學生孫語謙表示，曾與就讀私校的朋友討論，光是選「通識課」，私校與台大課程的數量差距就相當大，台大有數百筆課程，除去少數科系的特殊狀況，課程及選擇相當多元。

台大研究生協會副會長、台大建築與城鄉研究所碩士班學生高鉦詠，大學時期就讀政大，可以具體比較兩個學校之間的差異。他說，政大在人文及語言學習課程的選擇上非常充足，不過，台大學系領域組成更多元，選擇又更多。

而與其他頂大相比，台大老師接的研究計畫及政府委託計畫等，讓學生有很多機會提早接觸到專業研究。高鉦詠說：「老師的人脈和資源廣，能連結不同資源，例如我就讀的城鄉所，就可以連結農經（農業經濟）、地理、社

會學與國發（國家發展）等領域。」

「身為台大生，我是驕傲的，」台大戲劇學系學生林宜臻也認同學校的課程選擇非常多元，資源非常充足。不過，相對於校內的管理學院或社會科學院、醫學院等所包含的學系，戲劇學系是較小的科系，相關的資源就比另一所藝術專業學院台北藝術大學少，有些課程學生必須透過徵選制度才能選課。但林宜臻說，台大的跨科系選課或雙輔修相當盛行且自由，「我自己就經常選修教育社會等課程。」

同為台大戲劇學系的邱奕穎也說，台大與台科大、台師大等校成立聯盟，還能跨校選課，他對劇場影像設計等藝術類型有興趣，所以選修不少台科大相關設計課程，以及師大書法課等，「好處是不會局限於一項專長，能夠增加不同領域的知識。」

「老師和學校的人脈資源也很重要，」邱奕

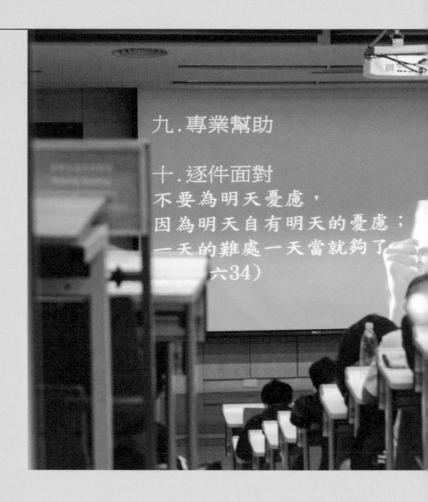

穎也認同台大給了學生很多機會和資源。例如不少戲劇學系老師已在劇場工作，若有需要則會請學生一起參與劇團實習，或是社會科學院等老師們的大型研究計畫，也有機會讓學生參與，這對即將步入社會的學生來說，等於在無形中便能累積經驗及人脈。總體來說，台大生多數肯定學校資源的多元及豐富。

跨科自由選修＋尋找未來方向

「我一直在了解自己的路上，」台大公共衛生學系學生陳彥蓉說，開發自我認知很關鍵，因為她從高中時期就不斷變換著對於未來及工作的想像，直到大學仍是如此。她在高中時期對大學系所的認知相當模糊，「是上了大學才有機會尋找方向。」

愈來愈了解公衛系所著重的政策與研究後，她發現系上所學並非自己興趣所在。「我感到很迷茫，但仍決定要出走，」大三時，她也開始跨修新聞研究所的課程，而新聞的第一線工作剛好符合她的喜好，「因為台大在跨科系選修上很自由，給了我探索自己的機會。」

「就讀台大」是光環，也是壓力來源。研究發現，學業成就高的大學生，心理痛苦指數也很高，上了人人稱羨的第一志願後，很多台大學生都曾求助心理諮商。

與學業纏鬥＋跟情緒糾纏

這些有著優秀學業表現的年輕人，從國中、高中到大學一路過關斬將，與學業纏鬥「成功」後，有些卻開始受到情緒的糾纏，他們走入了學校的心理輔導室，尋求諮商協助，開始吃抗憂鬱藥。

台大學生心理輔導中心2020年的統計顯示，平均每16個台大學生裡，就有1人使用過校內心理諮商服務。台大全校學生人數約3萬3千人，推算超過2千人曾求助校內心理諮商，尋找校外協助的人數則是未知數。

「害怕失敗，是台大學生普遍的特質，」台大心輔中心臨床心理師黃揚文指出，但若非如此害怕失敗，他們可能也很難進到台大。此外，他們還得非常努力，才能假裝毫不費力，「就是像鴨子划水一樣，表面上都很優雅，但在你們沒看到的時候，很認真在念書跟寫報告，出來玩就是當作沒事。」

大學玩4年＋全年無休追趕

走在台大裡，學生們騎著單車緩緩繞著校

高學業成就青年不斷地追求卓越表現，心理壓力也逐漸累積、升高。（攝影／王崴漢）

園，椰林大道上學生們拿著書本談笑風生。但令人嚮往的悠閒校園氛圍下，卻是台大人不停追趕的人生。

中研院社會所研究員吳齊殷長年投入青少年研究，參與自1999年起的「台灣青少年成長歷程研究計畫」（Taiwan Youth Project, TYP），此計畫意在了解在快速變遷的台灣社會中成長的青少年，如何受到各種力量形塑、影響。吳齊殷分析資料發現，台灣青少年的學業成就和情緒困擾呈現正向關係，學業成就高的青少年，心理痛苦的程度也高。

吳齊殷表示，不是所有人都能在狹小的管道裡平順成長，很多人是一路奮力拚搏硬撐，「他就是犧牲整個成長過程中所有可能的那些歡樂，一心就是要走這條路，要跟人家匹敵，可能也如願以償，表面上看起來他是成功的，但是因為付出的代價太高，over（超出）原來

作為一個人的能力。」而犧牲所累積的辛苦並不會消失，反而會在轉換人生階段時，隨著更多生命議題的出現而爆發為情緒困擾。

重新定義成功＋讓人生幸福快樂

「台灣社會的品牌觀念很強，」林從一認為，學歷在學生剛畢業時也許扮演了重要角色，因為社會大眾通常會依照大學排名來判斷新鮮人的能力，不過，通常出社會10年後，個人所擁有的能力與特質反而會變得更加重要。

擔任過國立、私立大學要職的林從一指出，教育部給予台大等頂大的資源相當多，但很多私校開始走向精緻化的經營方式，如同美國的小型私校營造出自己的特色，如果學生想要學習某項特殊領域或專長，反而應找這些具有特色的學校。

林從一表示，「人對於成功的定義，不是外界所認定的，而應該是自我價值的實現。」因此不論公私立大學，高等教育應回歸初心，幫助學生找到興趣所在與人生方向，比如是想從事藝術創作、做社會參與，或是希望累積財富，都要朝自己喜歡的方向發展，實現自我價值。「技職學校與大學教育一樣，對於滋養人生快樂的程度都一樣，」林從一認為，遵從自己的性向所走的路，讓人生幸福、快樂，才是受教育最重要的事。◢

更多線上精彩內容，
請掃描QR Code

Newsroom

火線新聞台1

記者的防彈背心
8千公里的新聞連線

「火線新聞台」透過漫畫與實況
帶領你走進《報導者》的編輯室
看看每一個重要專題
要克服多少考驗和挑戰，並且與時間賽跑

文字、漫畫／黃禹禎

2022年2月24日俄羅斯總統普丁宣布，對烏克蘭發起「特殊軍事行動」

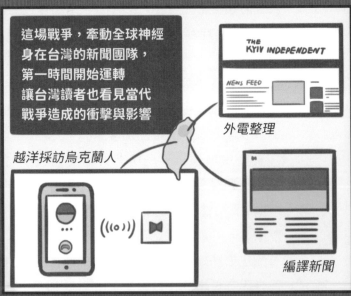

與台灣距離8千公里的烏克蘭，
在清晨時分遭俄羅斯入侵

坦克車從烏克蘭的北、東、南部攻入，

飛彈不斷空襲各座城市，

造成許多無辜的烏克蘭平民死亡

這場戰爭，牽動全球神經
身在台灣的新聞團隊，
第一時間開始運轉
讓台灣讀者也看見當代
戰爭造成的衝擊與影響

THE KYIV INDEPENDENT
NEWS FEED
外電整理

越洋採訪烏克蘭人

編譯新聞

1週過去，
俄羅斯的砲火沒有停止，反而更加猛烈，
這讓編輯台有了新的討論……

 記者J

我們要不要去烏克蘭報導？

B *I* S | ∂ | ⋮≡ | ⋮≡ | ≡ | </>

總編輯打字中……

前進烏克蘭的事前考慮

 現在出發安全嗎？

 承上題，要到烏克蘭哪裡才比較安全？

 為什麼我們需要去現場？

 公司的資源足夠支撐嗎？

俄羅斯入侵烏克蘭，
正在改寫國際局勢，
台灣即便不在戰事核心也深受影響
於是，我們決定組成3人小隊前往當地，
見證戰火下的種種

記者L　　　記者C　　　攝影記者Y

而留守台灣的新聞團隊，
則開始討論如何呈現
第一手的新聞

記者　攝影　產品經理　社群　總編輯　設計　專案經理　工程師

迅速擬好採訪方向和呈現形式後，緊接著就是一連串的「行前準備」

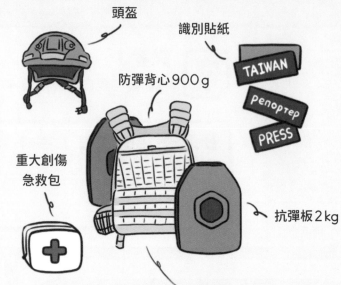

頭盔

識別貼紙

TAIWAN

Репортер

PRESS

防彈背心900g

重大創傷
急救包

抗彈板2kg

戰地風險高，
加上當時COVID-19疫情仍肆虐全球，
記者們必須帶上
保護自己人身安全的裝備。

2019年我們前往香港採訪反送中
運動[1]，就曾買防彈背心，當時是
為了防橡膠子彈

沒想到4年後，我們得穿上升級版的防彈背心，
以裡頭的抗彈板抵禦可能遭遇的步槍攻擊

因應充滿不確定性的國際情勢，
須準備各種證明文件，
並進行詳細的風險評估、
討論撤退計畫

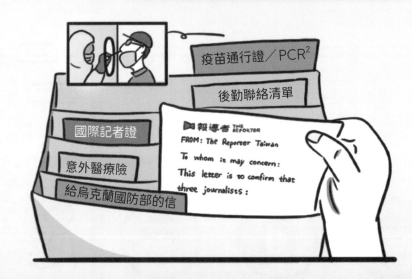

疫苗通行證／PCR[2]

後勤聯絡清單

國際記者證

意外醫療險

給烏克蘭國防部的信

報導者 THE REPORTER

FROM: The Reporter Taiwan

To whom it may concern:

This letter is to confirm that

three journalists :

1. 香港2019年3月15日開始「反送中運動」，要求政府撤回《逃犯條例》修訂草案，6月9日百萬人上街遊行，此後爆發多起大規模抗議活動
2. 2022年3月COVID 19疫情仍嚴峻，許多國家都需要PCR檢測證明才能入境

此外，我們聘雇了一位
會波蘭和烏克蘭語的Fixer[3]

Hi Agnieszka!

她將協助記者
在當地採訪
這是在戰地和異地
採訪很重要的角色

烏克蘭當地溫度約落在攝氏０度上下，
厚重的禦寒外套和暖暖包自然少不了！

而身為記者，最重要的是採訪設備
電腦、相機、錄音設備等硬體不離身，
行前也做了許多功課，
事先了解俄烏的歷史、文化、政治

一切準備就緒，在戰爭爆發後2個星期，
記者們便搭上飛機，前往陌生的國度展開採訪。

記者抵達第一現場：波蘭
準備從這個接收最多烏克蘭難民的國家，
逆著難民移動的腳步前往烏克蘭

有天，當團隊要從下榻飯店離開時，
巧遇一對也要退房的烏克蘭母女

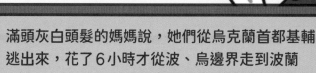

滿頭灰白頭髮的媽媽說，她們從烏克蘭首都基輔
逃出來，花了6小時才從波、烏邊界走到波蘭

3. 翻到P.114，認識新聞工作者Fixer

記者的下一站是
前往邊境採訪

但從基輔逃出的他們，
下一站是哪裡仍然未知

鏡頭轉往波蘭市中心，一位波蘭媽媽
看見記者身上台灣圖案的徽章，主動攀談

這個戰爭是民主和極權的對抗，波蘭和俄羅斯很不一樣，很高興台灣也是民主的地方

📍 華沙科技文化宮

想感受這場戰爭的話，就去火車站看看吧

📍 華沙中央火車站

循著波蘭媽媽給的線索，記者們來到車站
2樓有許多床墊、棉被等供難民休息

1樓則有許多志工，
提供難民交通、民生等各種協助

看過了車站，在Fixer帶領下，記者驅車從波蘭邊境城鎮，來到波、烏邊境最大的通關口——梅迪卡

戰爭前

戰爭後

原本從海關出來後，這裡是一片荒蕪，
如今因難民湧入，迎接他們的是搭滿帳篷，有著各國志工、記者的「世界街」

這些帳篷除了供難民休息，
還有免費的熱食、醫療、民生用品
供他們領取，甚至有心理諮商服務
難民來到這邊，能暫時卸下心防，
稍微喘口氣

如果沒有來到現場，光看國際媒體轉述，實在很難想像這裡的真實情況
為了讓讀者也看見此番情景，記者們趕緊蒐集素材回傳給台灣

在烏、波邊境的同事們每天晚上固定回
傳聲音、影像，工作之餘也會報平安

在台灣的專案經理則整理全部素材，判斷各素材可用性，
並蒐集當日最新戰況資訊

各部門透過產出Podcast、影片、文字等報導，
讓身在台灣的讀者們，
也得以同理戰爭現場的狀況，
並理解戰爭的影響層面有多廣大

得知採訪團隊在現場，
讀者更期待團隊帶回更多第一手的戰爭消息，
但這時卻發生了突發狀況

專案經理每天早上
10點會跟總編輯確
認當天發稿的主題
方向與素材應用

記者們想要進到烏克蘭境內，
必須要有「簽證」

抵達波、烏邊境後，
記者們日日兩頭燒，
一邊申請簽證、
一邊採訪

然而，

申請過程
並不順利

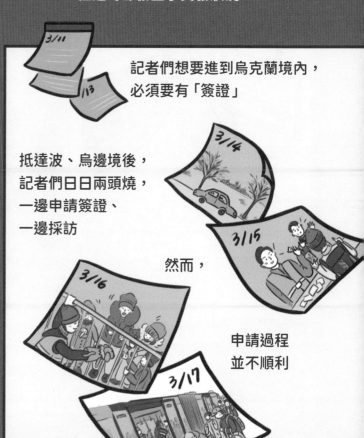

10點半專案經理召開跨部門會議，討論當
天工作細節和時程，結束後便分頭執行

即使記者們手握烏克蘭國防部的採訪許可，
沒有烏克蘭外交部核發的簽證，
記者們仍被海關擋在外頭，進不去烏克蘭

記者們耗時6天，都沒能取得簽證
再繼續等下去也不知道還要多久，
便與總編輯討論是否繼續挺進烏克蘭

而就在討論的隔天，
團隊原訂前往的烏克蘭西部的大城
——利維夫省，
傳出多起爆炸事件……

戰事和採訪持續動態發展，
團隊得在2個方案中選擇：

綜合以上考量，儘管記者們
已經在波烏邊境，還是決定
放棄進入烏克蘭，專心在波
蘭華沙以及德國採訪

Fixer介紹記者們幾個接待難民的波蘭家庭，
看見雙方在戰亂之中如何互助

也去到動物收容所，
了解如何救出戰火下的動物

戰爭現場並不僅發生在烏克蘭，
影響範圍擴及歐洲各國，
甚至全世界

戰火尚未止息，
但從烏克蘭當地
乃至全球媒體
都不停努力著

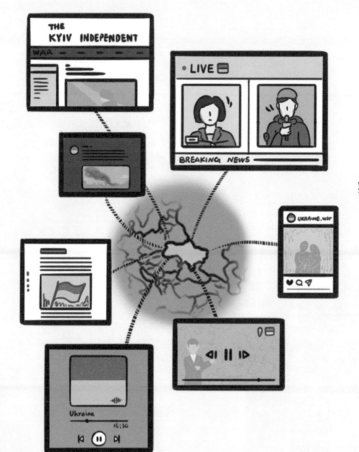

無論挺進前線、
外電編譯、越洋採訪，
並運用不同媒材報導，
甚至還要對抗
假訊息、資訊戰，
無非是希望將真實的聲音
傳遞出來

一旦戰爭開始了，
影響層面小至個人，
大至全世界，
後續追蹤報導
就不會輕易中斷

火線新聞台 2

隱形的新聞戰士
與記者出生入死的 Fixer

記者到國外採訪時，通常需要一位當地人士協助
才有辦法在短時間內順利完成報導，這個協助的角色就被稱作「Fixer」
資深國際新聞記者楊智強分享他與Fixer的合作經驗

文字／楊智強

（設計、繪圖／鄭涵文）

　戰爭與我們的距離

我曾經有 3 年的時間，以獨立記者的身分在東南亞國家採訪新聞，國際新聞是我主要關注和負責的領域。進入不同國家採訪，要在陌生的環境下把故事一點一滴拼湊起來，不但必須克服語言、文化、議題背景等等障礙，有時因為議題敏感也會面臨危險。

國際採訪除了記者自己要花時間研究和蒐集資料外，到了國外的新聞現場，通常還需要一位熟悉該議題的當地人士協助，才有辦法在短時間內找到關鍵受訪者，或者進入一些外國媒體無法單獨前往的地點。這個角色在國際採訪的領域裡，被稱為「Fixer」。

記者的當地嚮導、助手兼翻譯

Fixer 這個字並沒有正式的中文翻譯，這個角色指的就是國際特派員和記者雇用的當地「嚮導」或是「助手」。他們的工作是協助特派員和記者完成新聞採訪，包括尋找受訪者、聯絡地方政府官員、申請採訪許可等等，有時也可以充當翻譯人員。

若採訪的地點是危險的戰地或情勢緊張的地區，他們還可以協助保護記者的安全，所以 Fixer 和記者之間也要有高度的互相信任。

一般來說，記者在出發前往國外採訪之前，就會透過當地友人或是一些新聞機構和組織的協助，找到可靠的 Fixer 人選。最適合的人選通常是當地的新聞從業人員或有新聞採訪經驗的人，因為他們了解記者的工作需求，並且有一定的新聞敏感度和人脈。

例如，台灣舉行總統大選期間，在台灣沒有派駐記者的國際新聞媒體，會派特派員來台灣採訪，這些來台灣採訪的外國記者也會在台灣找到合適的 Fixer，幫助他們接洽採訪候選人、政治人物、里長等各種受訪者。

除了選舉這種危險性不高的國際採訪外，像戰爭爆發時，各國前往戰爭地區採訪的媒體記者，也常需要 Fixer 的協助。像 2022 年 2 月 24 日爆發的俄羅斯入侵烏克蘭戰爭，就是一個例子。

烏克蘭戰爭裡的 Fixer

俄國侵略烏克蘭戰爭爆發後，國際各媒體都派出特派員進入戰地採訪。來到烏克蘭的國際記者幾乎都需要烏克蘭的 Fixer 協助，才有辦法完成任務。這些 Fixer 冒著生命危險，協助國際特派員完成新聞報導，將戰爭的殘酷傳給世界，當中已經有人不幸罹難。

2022 年 3 月 14 日，在被俄軍攻擊的烏克蘭基輔北方村落戈連卡（Horenka），2 位美國《福斯新聞》（Fox News）的記者與烏克蘭的 Fixer 庫夫希諾娃（Oleksandra Kuvshynova）的轎車遭到砲火波及。55 歲的攝影記者札克塞夫斯基（Pierre Zakrzewski）與庫夫希諾娃都死於戰火，另一名《福斯新聞》的記者霍爾（Benjamin Hall）身受重傷。

除了受戰火波及而殉職，還有 2 位烏克蘭的 Fixer 也遭到俄軍綁架、虐待。

這些冒著生命危險協助國際特派員和記者在戰地報導的 Fixer，奉獻自己的專業，甚至犧牲生命，但因為他們並不是記者，因此報導中不會掛上他們的名字。他們協助記者完成報導的努力和付出過去不曾受到關注，更別說因此贏得名聲與掌聲。

如今，Fixer 逐漸受到重視，部分國際採訪

的文章裡，已經開始掛上Fixer的名字。但有的時候，並不是因為
媒體不重視Fixer才不掛上他們的名字，而是有些議題較為敏感，
若曝光他們的名字或身分，反而可能為他們帶來危險。我自己過去
在採訪緬甸的羅興亞人議題時，就遇過這樣的例子。

敏感議題不能曝光身分

　　2016年底，我進入緬甸西部的若開邦採訪羅興亞難民營。因為
緬甸政府強制將羅興亞人的居住地點跟當地緬甸人、若開人分開，
並將他們圈在幾處受管制的難民營中。緬甸政府更禁止外國記者進
入採訪。

　　若開人跟羅興亞人之間的關係相當緊張，雙方相互仇視、水火不
容。當時協助我偷渡進入難民營的若開人Fixer說，他從小跟羅興
亞人比鄰而居，兩個族群的仇恨，很多時候都是政府刻意挑起，他
不會恨自己的鄰居。

但是他也知道，若是他的族人發現他在幫助外國記者採訪羅興亞
人受迫害的狀況，他會被視為民族的叛徒，可能遭到暴打。

　　我記得，當時他和我笑著談論這些內容，但等到我回到旅館沉澱
下來之後才驚覺，他是冒著多大的生命危險幫助我進行採訪。

　　國際採訪新聞如果沒有當地的Fixer協助，很多重要的議題都無
法被呈現在新聞版面上。他們，絕對稱得上是隱形的新聞戰士。如
果，願意擔任Fixer的人減少或消失，很多國際重要的新聞、甚至
戰爭實況，將可能無法被報導和看見。🐾

作者在Fixer的協助下，進入羅
興亞採訪，圖為羅興亞難民營裡
的孩子。（攝影／楊智強）

更多線上精彩內容
請掃描QR Code

不滅的文化香火
金鼎國小迎城隍紀實報導

文字／吳樂睎、廖采婕、朱辰浯、林庭安、洪沛歆、王婕安、翁郁瑄、蔡亦閎、蕭羽姍、許辰漢、賴翊銘、陳紹睿
攝影／吳樂睎、廖采婕、林庭安、洪沛歆、王婕安、翁郁瑄、蔡亦閎、蕭羽姍、許辰漢、賴翊銘、陳紹睿
主圖攝影／翁郁瑄

農曆3月全台「瘋媽祖」，在金門熱鬧的是農曆4月「迎城隍」。《少年報導者》攝影顧問余志偉、專案攝影記者王崴漢共同策劃、啟動的校園在地影像共創計畫，第一個合作案在金門金鼎國小開展。

2個多月的課程中，從專業攝影到新聞採寫、媒體識讀，在金鼎國小老師黃議霆、陳欣蘭、周文心帶領下，12名4～5年級的金鼎同學，領到《少年報導者》影像紀實課程的結業證書，並完成一系列精彩的金門「迎城隍」圖文報導。每一次的採訪、每一次按下快門，都是他們對家鄉的重新認識，更期待透過自己的作品，讓外地人和未來的「後生晚輩」看見金門的文化底蘊。

本系列圖文，由金鼎小記者們採訪、報導。

在金門，掌管陰間事務的城隍爺是當地居民的信仰重心。每年農曆4月12日城隍爺出巡，鞭炮及鑼鼓聲響徹金門街坊巷弄之間，「就好像過年一樣，每年都要回來參加，」當地居民張家麒這麼說道。不僅如此，在地人自發性地籌組表演團體（比如打花草、跑旱船），不分男女老幼都參與其中，呈現出台灣本島不常見的遶境面貌。

隨著時代變遷，主流社會重視的價值有了轉變，像迎城隍這樣的傳統民俗文化逐漸消逝。但有這麼一群人，致力於保存，並且傳承這些珍貴的文化資產。我們採訪王丞瀞，了解她在畢業後回到家鄉投入文化傳承的心路歷程；也走進天震堂這間特別的獅館，跟著陣頭青年們一同練習，看他們從神明身上學到什麼。

1. 金門「迎城隍」遶境為當地具代表性的民俗活動，近年因疫情衝擊一度停辦。今年（2023年）農曆4月12日，疫情逐漸趨緩，「迎城隍」也順勢復辦。（攝影／王婕安）　2. 遶境隊伍中畫著色彩繽紛臉譜的八家將。（攝影／林庭安）　3. 金城鎮的4個門里各有其專屬的表演，這些表演由居民自發性地籌組、排練，每年於「迎城隍」演出。圖為金城鎮東門里表演「公揹婆」的居民。（攝影／陳紹睿）

4.除了「後浦打花草」、「跑旱船」等特殊藝陣，遶境隊伍也可見舞龍陣頭。(攝影／陳紹睿)

5.遶境隊伍裡扮演神明的廟方人員。(攝影／洪沛歆)

6.遶境當日，鞭炮及鑼鼓聲響徹金門街坊巷弄之間，路上隨處可見放鞭炮所留下的殘留物。(攝影／蔡亦閎)

7.遶境隊伍行經金城鎮的各個廟宇，由居民組成的表演團體於廟前演出。(攝影／廖采婕)

8.「迎城隍」歷經疫情後首次復辦，象徵著傳統文化的復甦。(攝影／廖采婕)

「後浦打花草」王丞瀞：由心而生的傳承使命感

身上畫著丑角妝容的男性隨著音樂拍打胸部，女性則手拎絲巾、穿著華麗，大夥圍繞中間拿貢球的男子跳起活潑的舞步，沿途和民眾擊掌。2023年金門迎城隍的遶境隊伍中，一群由島上青年組成的表演團體吸引觀眾的目光，他們透過實體及網路的串連，帶著想要傳承文化的心願，從頭開始學習「後浦打花草」這項藝陣表演。背後促成這一切的，是後浦打花草的第一代團員馬根壽的外孫女——王丞瀞。

後浦打花草的背景故事，要追溯到民國30、40年。馬根壽會與鄰居相約在吃飽飯後到廟前聊天、聚會，做一些事凝聚大家的感情，就成立了「南門歌仔戲班」，歷經兩岸戰爭及軍管時代，戲班曾轉型勞軍團體，後來成為當地大型民俗活動迎城隍的演出固定班底「後浦打花草」。王丞瀞2、3歲時，特別喜歡跟著外公到廟裡玩耍，也吵著要跟著跳打花草；但等到王丞瀞進入青春期，卻曾因此被同學取笑，讓她告訴自己：「不跳了，我不要再回去跳了。」

「一直到上大學之後，雖然覺得這件事情好像跟自己沒這麼親密，但心中隱約認為那是我應該做的事情，」王丞瀞大學念商業設計，她離開金門到異地求學。在陌生的地方，她開始問自己：「所以我

是誰呢？我來這裡幹嘛？我學完了商業設計，然後呢？」當她有了
這些疑惑，正逢外公生病送到加護病房。那段時間，王丞瀞看見打
花草隨著外公的身體狀況慢慢沒落，心裡覺得可惜。這時，戲班有
人不捨打花草就此停擺，提議找大家回來一起跳。

王丞瀞回來幫忙「妝人」，那是她第一次接手外公化妝師的工作，
她回想小時候外公常說：「你們要好好學，這個以後要傳承。」王
丞瀞說，當時年紀小，不懂什麼是傳承，更不會想到之後長大了該
怎麼做，「後來才理解到，原來文化傳承是慢慢在參與的過程中，
去感受、去了解後，才發自內心產生使命感，意識到我真的需要做
傳承的這件事情了。」

於是王丞瀞在畢業前夕，與大學同學以打花草為主題設計一套文
創商品，他們回到金門尋訪打花草元老成員，以口述歷史的方式，
將打花草這項民俗技藝保存下來。「我沒辦法像外公他們一直待在
這裡，但如果我們能把故事記載下來，無論未來是不是由我來做（傳
承），大家都能透過我們設計的書來認識後浦打花草。」

今年的後浦打花草，參與者大多是看見村復號舉辦的體驗活動，
也看過王丞瀞的畢業製作，並對傳承文化有興趣的人。從排練到上
台，我們在一旁感受參與者努力想學好的決心，也見證後浦打花草
第一代團員楊耀芸在過程笑著認可，讓這群新生代提前在遶境前參
與「迎鑼鼓」，換上表演服裝去踩街。

「迎鑼鼓」當晚，打花草隊伍經過北鎮廟時，廟方特地放鞭炮歡
迎他們，我們在一旁拍攝，聽到北鎮廟的阿伯跟楊耀芸說：「本叔
（爺爺）啊！恭喜！你的願望成真了，還好這群年輕人想學，不然這
個文化就中斷了！」楊耀芸欣慰地笑著說：「他們只學6天而已。」

金門縣傳統藝陣「後浦打花草」
第三代成員王丞瀞。
（攝影／王婕安）

---

1. 王丞瀞與外公的合影。（攝影／王婕安）
2. 「後浦打花草」陣頭的表演人員會在身上畫上丑角臉譜。（攝影／王婕安）
3. 王丞瀞接下外公化妝師的工作，於演出前為團員們上妝。（攝影／王婕安）
4. 演出前，團員們在浯島城隍廟前祈福。（攝影／吳樂睇）
5. 迎城隍當天，由在地青年籌組的「後浦打花草」陣頭成為眾多表演團體的亮點之一。（攝影／蔡亦閎）
6. 經過幾天密集的排練，團員們提前參與「迎鑼鼓」踩街活動。（攝影／林庭安）
7. 「迎鑼鼓」活動結束前，團員們與打花草第一代團員楊耀芸於浯島城隍廟前合影。（攝影／蔡亦閎）

🔋 新聞充電器 ➕

**什麼是打花草？
什麼是妝人？**

打花草

　　打花草為金門縣的一種傳統
陣頭，由金城鎮南門里的居民
自發性地籌組、排練，並於農
曆4月12日迎城隍當天上街演
出。打花草以民間故事《鄭元
和與李亞仙》為劇本，表演人
員各自裝扮成故事裡的丑角、
青樓女子及花婆，演出主角鄭
元和淪落街頭，成為乞丐上街
賣藝的場景。

妝人

　　每年迎城隍邀請小朋友參與
扮裝活動，如打花草以《鄭元
和與李亞仙》為劇本，有小朋
友就在臉上畫上丑角妝容，扮
成故事主角鄭元和。迎城隍遶
境隊伍中，可看見小朋友選定
各式主題，扮演成古代人物或
現代卡通人物。

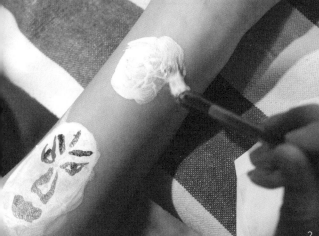

天震堂醒獅團：不只是玩陣頭，也向神明學「做人」

　　走進金門縣金寧鄉一處加油站旁的巷子，幾間並連的鐵皮屋映入眼簾，耳邊傳來一陣陣鑼鼓聲，伴隨孩子的嬉鬧聲。這裡是天震堂醒獅團的練習基地，一群6～18歲的青少年在這接受舞獅訓練。從正門望進屋內，道館正中央供奉著各尊神像，兩側則整齊置放獅頭、大鼓還有神轎，團員們在下課時間換上獅服，在神像面前演繹獅子的各種姿態。

　　「我喜歡這裡全部的人，尤其阿偉教練，上他的課很開心，但如果沒專心練習就會被罵，」目前就讀小學3年級的隆隆說。

　　天震堂聚集一群不同年齡層的青少年。幾位小學2年級、3年級的團員告訴我們，團員大多由長輩或朋友介紹，也有人透過學校社團認識天震堂。他們都對傳統民俗，尤其舞獅有興趣而來到這裡。隆隆向我們表示，練習最辛苦的，好比蹲功架時大腿會痠、打鼓演出時腳必須畫大圈，一不注意褲子就會破掉。

　　「我希望可以像那些大哥哥一樣，成功將我的腳站在他（獅尾）肩膀上。這是很高難度的，上次我們拜拜有許願，結果下次就成功，」小學2年級的團員佑佑告訴我們，他也曾向神明許願考試及格，下次就拿90幾分。在這些孩子心中，神明似乎成為他們的教練，除了傾聽煩惱，也為每次的挑戰帶來信心。

　　「練習過程有很多危險，這邊要有神明保護小朋友的安全，而且神明在這邊，也讓他們學習如何尊重，你會尊重神明，相當於你得尊重長輩還有老師。」小朋友們口中的師公、也是這座獅館的負責人許績才，向我們說明道館供奉神明的意義。

　　早年天震堂是教導武術及舞獅技巧的道館。許績才接手後，國術

天震堂最年輕的團員們，他們大多從小學開始學習舞獅技藝。（攝影／許辰漢）

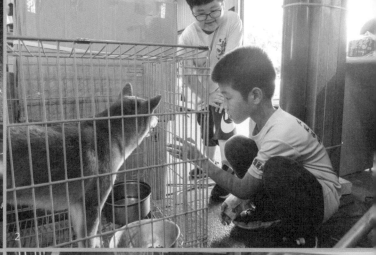

1. 天震堂一隅。（攝影／賴翊銘）
2. 天震堂內飼養柴犬、雞還有魚，團員們在練習的空檔與這些小動物們互動。（攝影／許辰漢）
3. 下課後，團員們來到天震堂，在神明面前演繹獅子的各種姿態。（攝影／蕭羽姍）
4. 舞獅前，團員向神明祈求在練習上有新的突破。（攝影／蕭羽姍）
5. 許績才希望翻轉陣頭形象，將團員們培養成運動選手，以舞獅運動項目升學。（攝影／賴翊銘）
6. 天震堂就像大家庭，團員們互相督促，也互相照顧。（攝影／賴翊銘）
7. 除了平日，團員也利用假日來獅館練習。（攝影／洪沛歆）

館正一間間收館，眼看金門的陣頭文化逐漸式微，就此扛起傳承工作。「舞獅是我的興趣，雖然這條路不好走，但如果放棄了，這個（民俗技藝）就沒了。還是很多人想學啊。」許績才說道。

傳承路，並不順遂。最初培養的學生上國中後，升學壓力日益增大，一個個退出練習行列，許績才只好回到小學從頭再來。10多年後，終於有批學生從小學練到大學，長年的耕耘也讓經營困境有了轉機，當地居民一個個贊助道具、服裝還有經費。如今，天震堂成為金門最聞名的陣頭，迎城隍的活動現場，常見來自天震堂的工作人員，那群由孩童扮演的小獅子也成為遶境隊伍裡最吸睛的存在。

「雖然這些孩子不是我們生的，我們卻有義務要教導他往好的方向走，」許績才提到，小朋友們在團隊中互相磨合，學習如何尊重彼此。這樣的生活帶給孩子教科書外的收穫，他們在這找到自己的定位——有人舞獅，有人敲鑼打鼓，團員從訓練中訂下目標並努力實踐。「這裡不是學數學、英文，而像小型社會，你要在這裡找到專長，要懂得為自己認錯，（待久了）小朋友會變得比較圓融。」許績才的乾女兒筱筠說道。

天震堂不僅是小型社會，許績才營造大家庭的相處模式，由年紀稍長的國高中生照顧年紀小的團員。在孩子眼中，許績才就像爺爺。他把團員當自己小孩、孫子對待，透過以身作則和諄諄善誘，結合信仰的力量，天震堂呈現出不同於傳統陣頭的形象。

「以前人家說玩陣頭的小孩子是不好的，」許績才提到，接下來天震堂希望將團員培育成運動選手，讓不了解陣頭文化的人也能認同他們。他已著手成立民俗體育運動委員會，推廣民俗體育項目，「我的初衷是因為這些小孩，我希望我們可以一直讓小朋友有個地方，我也希望把舞獅的路傳承下去，傳給下一代，天震堂舞獅的技藝也是民俗的傳承，」許績才透露出對信仰及陣頭文化的堅持。

這個空間裡神人共處，團員彼此間沒有血緣關係，卻有家人般的熟稔。新舊世代文化的思潮，隨著香煙繚繞默默交織而成一種新型的文化，綿延不斷。◪

更多線上精彩內容，
請掃描QR Code

我的學校之 2

寫給迷惘中的你，
一個國三生的「保命實驗」

文字／劉豫瑄

（設計、繪圖／黃禹禎）

這是《少年報導者》少年評論員劉豫瑄的文章，她是國中時就對台灣教育制度有想法，立志未來要當一個「不一樣」的老師。

劉豫瑄發現考試占據學生大部分的生活，也曾經靠分數定義自己，成績好才肯定自己學習有成效，一旦分數掉下來，就陷入沮喪否定自己的深淵，難以自拔。不過，現在的她找到一個不會再被成績綁架的「保命方法」，想分享給面臨升學壓力的國三同學們。

今天考試考多少？
這次段考校排多少？
班排多少？
等會兒補習嗎？
幫你報了個衝刺班，明天開始就去⋯⋯

依然是這麼「有規律」的國三生活嗎？這篇文章致為了課業而忙但迷失自己的你，你還好嗎？同為國三生，讓我分享一個我國三時實踐的「保命方法」吧！一個讓我們不會再在排名、分數中淪陷的信念。

對著分數大笑或哭泣，不知道自己為何如此

分數，到底是什麼？它什麼都不是。

自古以來，考試制度就存在了。我們一路走來，或許是戰戰兢兢，或許是麻木不仁，或許是徬徨無措。而為什麼在意成績的自己，會對那發下的考卷，存在那麼多種情緒呢？難過的、沮喪的、雀躍的、驕傲的⋯⋯。

因為我們在比較。暗自竊喜自己比前面的同學還要高一分、輕視旁邊的同學考得比自己差、驕傲自己是班上最高分、質疑為什麼不讀書的人居然考得比自己高等等，全都是比較。

話說幸福是比較出來的，那麼成績也是：我們藉由和他人相比的結果來定義自己，來肯定

和否定自己。而真正的自己在哪裡？我們無從知曉，只知道這次是班排第幾名，校排又是第幾名。我們淪陷其中，在那鮮紅色的數字照耀下猖狂大笑又或者沮喪哭泣，甚至每次在情緒過後，我們都不知道自己為何會那樣。

成績，或是比較出來的成績，都不是衡量個人價值的準則，一切都只是打給那些自己以外的人去看的，家長、老師、同學等，誰都好，但就不是打給自己看的。

只有自己是自己最好的老師

一張張的考卷發下，第一個動作不是深吸一口氣，或是馬上陷入數字比較的泥淖裡，而是去看每一個不會的、錯的、猜對的題目，那才是試題的真諦——自己真的會了嗎？

考卷是學習輔助所生的工具，僅此而已。只有自己是自己最好的老師，不論用什麼方法都要把自己教會，用考卷檢視自己學習不足的地方，讓學習不再是為了考試，讓自己真正懂得學習的收穫。

問問自己需要的是什麼？

你我是因為什麼而補習？如果問問自己，你的答案又會是什麼呢？

補習對你我來說的意義又是何種存在？像

是必需卻又折磨的愛嗎？還是沒有必要卻又不敢輕易割捨的依賴呢？

其實我們都必須學習的是：問問自己到底需要的是什麼？

是因為覺得學校上的內容不夠豐富、太過簡單，或是不滿老師的教書風格？是因為不會規劃進度或是沒有讀書方法，而將一整週的時間都賭在補習班？是因為覺得補習班會先上課超前學校進度，所以才去補習？

我國三時有補習，但我發現，原來是因為我需要人鞭策，需要有人幫我規劃進度而去補習。但我深深發現諸多問題的衍生，和要補習的目的相違背：沒有時間讀其他科目、為了補習班的課業而擠壓自己原有的時間、補習後的我根本不需要學習自律，就會有人督促等等。不是贊成不補習，而是我們要知道自己到底需要什麼，也就是到底什麼才是自己想要的。

把課堂的留給課堂，把課後的留給自己

有的問題可以在學校解決，就在學校解決吧！把課後的時間拿來做更好的利用，這才是真正學習如何專注於課堂的金鑰。

不是只有老師教，我們才能學習，自己就是自己最好的老師，也代表我們也可以自己學習、自己教會自己。

專注於課堂不只是認真聽講，還要勇於提出問題。雖然提出問題需要勇氣，但我們可以學習實踐！只要有不會的東西，就積極地在課堂上發問吧！問題並不是只有在非上課時間才能解決，能夠在上課解決，下課後才有更多的時間讓自己學習更多的東西，懂得妥善分配自己的時間。

專注於課堂吧，立志專注在沒學懂的東西，才是真正的專注學習！

煉獄般的國三，可以換個心境面對它

在許多人眼中，國三彷彿人間煉獄或是水深火熱的一段旅程，甚至有些人是踏遍荊棘地走完這一整段路。或許我們沒辦法改變制度，但我們可以改變面對國三的心境。

面對每一次的考試不是急著看分數和定義自己的表現，而是積極地把每一題從不會變成會的。

這才是正確的信念，一個讓我們可以不再在數字比較中淪陷的信念。🐾

劉豫瑄

97 年的水瓶。愛笑，會肚子痛那種。愛吃，想找到是否也有人在正餐吃鬆餅。愛書，但凡有故事的東西都是有意思的。愛籃球的熱血，但很少打。

國二看清教育制度，國三的某夜立志要當一個不一樣的老師，但很怕養不活自己。

更多線上精彩內容，
請掃描 QR Code

歡迎投稿　同學們也可以寫下你對生活和時事的觀點與想法，投稿給我們，文章一旦被刊載，就能成為《少年報導者》評論員，並獲得專屬證書和獎勵。投稿相關資訊和規則，請見網站「投稿辦法」。

與孩子一起理解世界、參與未來

歡迎贊助支持《少年報導者》

《少年報導者》是由報導者文化基金會成立的兒少新聞品牌，基金會所有營運經費皆來自民間贊助，這股由下而上的力量，除了能讓我們維持新聞獨立，也透過多樣的報導形式讓社會多元價值向下扎根。

我們相信知識的力量可以開啟無限的可能性，請支持《少年報導者》持續產製優質兒少新聞，攜手為孩子的未來點亮希望的明燈。

贊助方式

ATM轉帳

戶名 財團法人報導者文化基金會

銀行 中國信託 南京東路分行（822）

帳號 200 540 206 876

請您於匯款後來信至 fenc@twreporter.org
行政部鄭小姐，提供匯款帳號末五碼、姓名、
地址、聯絡電話。

線上贊助
使用信用卡、Line Pay

傳真刷卡

如您有意願以任何形式支持
報導者文化基金會，
歡迎來信
✉ events@twreporter.org
懇請不吝賜教。

商周教育館66

戰爭與我們的距離：跟著《少年報導者》從一顆子彈、一隻病毒、一枚火箭、一張紙鈔、一場考試，揭開全球
5種熱戰的新聞實境與影響

策 劃 主 編	楊惠君、陳榮裕	
文 字	楊惠君、陳榮裕、陳麗婷、鄭涵文、陳韻如、張鎮宏、王琳茱、王立柔、李雪莉、楊智強、柯皓翔、陳潔、陳德倫、魏百谷、王弘毅、李世暉、吳樂晴、廖采婕、朱辰洧、林庭安、洪沛欷、王婕安、翁郁瑄、蔡亦閔、蕭羽姍、許辰漢、賴翊銘、陳紹睿、劉豫瑄	
攝 影	楊子磊、余志偉、林彥廷、陳曉威、王崴漢、許𦱀倩、吳樂晴、廖采婕、林庭安、洪沛欷、王婕安、翁郁瑄、蔡亦閔、蕭羽姍、許辰漢、賴翊銘、陳紹睿	
設 計 、 繪 圖	黃禹禛、鄭涵文、一百隻熊	
責 任 編 輯	羅珮芳	
版 權	吳亭儀、江欣瑜	
行 銷 業 務	周佑潔、賴正祐、賴玉嵐	
總 編 輯	黃靖卉	
總 經 理	彭之琬	
事 業 群 總 經 理	黃淑貞	
發 行 人	何飛鵬	
法 律 顧 問	元禾法律事務所 王子文律師	
出 版	商周出版	
	台北市104民生東路二段141號9樓	
	電話：(02) 25007008 傳真：(02)25007759	
	E-mail：bwp.service@cite.com.tw	
發 行	英屬蓋曼群島商家庭傳媒股份有限公司城邦分公司	
	台北市中山區民生東路二段141號2樓	

書虫客服服務專線：02-25007718；25007719
服務時間：週一至週五上午09:30-12:00；下午13:30-17:00
24小時傳真專線：02-25001990；25001991
劃撥帳號：19863813；戶名：書虫股份有限公司
讀者服務信箱：service@readingclub.com.tw
城邦讀書花園：www.cite.com.tw

香港發行所 城邦（香港）出版集團
香港灣仔駱克道193號東超商業中心1F
E-mail：hkcite@biznetvigator.com
電話：(852) 25086231 傳真：(852) 25789337

馬新發行所 城邦（馬新）出版集團【Cite (M) Sdn Bhd】
41, Jalan Radin Anum, Bandar Baru Sri Petaling,
57000 Kuala Lumpur, Malaysia.
電話：(603) 90563833 傳真：(603) 90576622
Email: service@cite.com.my

封面內頁設計 丸同連合
印 刷 韋懋實業有限公司
經 銷 聯合發行股份有限公司
電話：(02)2917-8022 傳真：(02)2911-0053
地址：新北市231新店區寶橋路235巷6弄6號2樓

2023年8月22日初版
定價480元

Printed in Taiwan

國家圖書館出版品預行編目（CIP）資料
戰爭與我們的距離：跟著《少年報導者》從一顆子彈、一隻病毒、一枚火箭、一張紙鈔、一場考試，揭開全球5種熱戰的新聞
實境與影響／少年報導者著.－初版.－臺北市：商周出版：英屬蓋曼群島商家庭傳媒股份有限公司城邦分公司發行，2023.08
128面；22.5×28公分．（商周教育館；66）
ISBN 978-626-318-778-8（平裝）
1.CST：社會科學 2.CST：社會問題 3.CST：時事評論 4.CST：通俗作品
500 112010862